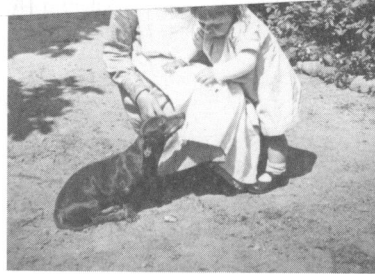

HUBERTA VIKTORIA WILKE VON GOSSLER

Sieben Kinder und ein Rittergut

HUBERTA VIKTORIA WILKE VON GOSSLER

Sieben Kinder und ein Rittergut

EINE KINDHEIT IN DER ALTMARK

Herbig

vorderer Vorsatz

Linke Seite:

Oben: Hochzeit der Eltern in Calbe, Mitte links: Meine
Taufe, unten links: Unser Chauffeur mit dem Familienwa-
gen 1932, unten rechts: Die Eltern auf Borkum 1935.

Rechte Seite:

Oben links: Die Autorin; oben rechts: Schwester Lene und
Huberta; Mitte links: Ursula, Frauke, Brigitte, Ute,
Huberta; Mitte rechts: Die beiden Kleinen und Vater 1943;
unten: Park Schinne.

hinterer Vorsatz

Eine Vorfahre der Autorin schickte Goethe zu seinem
letzten Geburtstag am 28. August 1831 ein Paar Pantoffeln.
Auf rosa gerändertem Bogen schreibt der so hoch-
geschätzte Greis seinen Dank in Versen.

Sonderproduktion
4. Auflage 2002

Umschlaggestaltung: Christel Aumann, München
Satz: Uhl + Massopust, Aalen
Gesetzt aus 11/13 New Caledonia auf Linotronic 330
Druck und Binden: GGP Media, Pößneck
Printed in Germany
ISBN 3-7766-1737-3

Für meine Söhne und ihren Vater -
und für meine sechs Geschwister

Es gibt nichts Stärkenderes und so Gesundes im Leben des einzelnen wie einige frohe Erinnerungen aus der Jugendzeit, ganz besonders aber Erinnerungen aus der Kindheit.

Es wird viel über Erziehung geredet, aber einige frohe Kindheitserinnerungen sind vielleicht die beste Erziehung. Wenn jemand viele solcher Erinnerungen mit hinausnehmen kann, dann schützen sie ihn wie einen Talisman bis ans Ende seiner Tage.

Und wenn man selbst nur eine Jugenderinnerung im Gedächtnis aufzubewahren vermag, ist sie bisweilen unsere einzige Zuflucht...

FEDOR M. DOSTOJEWSKY

INHALT

Wo ich hineingeboren bin

Ich wurde am 22. März 1930 in Schinne, einem kleinen Dorf in der Altmark, geboren. Morgens um Viertel vor fünf.

Meinen ersten Schrei kommentierte meine sechsjährige Schwester Brigitte, die unsanft aus dem Schlaf gerissen wurde, mit dem empörten Ausruf: »Was kräht denn da für'n Rabe?«

Die Freude über mich war gedämpft. Wieder ein Mädchen! Bereits das fünfte, dazu schrumpelig wie ein Weihnachtsapfel. Wieder kein Erbe fürs Rittergut!

Sie tauften mich Huberta. Sie hatten aufgegeben. Den Namen Hubertus, für den Sohn bestimmt und viermal enttäuscht zurückgelegt in die Schatulle zu Wertpapieren und Schmuck, ich bekam ihn! Ins Weibliche abgewandelt, versteht sich. Ich mochte ihn nicht besonders. Ich fühlte mich nie ganz zu Hause darin. Er war mir irgendwie fremd.

Ich bekam noch mehr Namen. Huberta war erst der

Anfang. Es folgten Auguste, Viktoria, Wilhelmine, Luise! Ein weniger selbstbewußtes Kind wäre davon erdrückt worden.

»Was habt ihr euch nur dabei gedacht, ein unschuldiges Baby mit Preußens Gloria zu belasten?« fragte ich später, als die Zeit kam, da ich händchenhaltend auf verschwiegenen Bänken saß. Nie durfte ich erleben, daß ein Verehrer zärtlich »Huberta« flüsterte oder »Wilhelmine« oder »Auguste«. Es zehrte an mir.

Zu meiner Taufe, die im Juni stattfand, bekamen meine Schwestern die legendären Röschen-Kleider. Weißgrundiger Musselin mit eingestreuten roten Rosen, dazu rote Bolero-Jäckchen.

Entzückend, wie sie sich engelgleich um meine Wiege scharten, alle im gleichen Kleid.

Ich hatte später volle zwölf Jahre zu tun, um diese Alpträume von Kleidern aufzutragen, da sie von bester Qualität waren. Und nicht nur die!

Meine Mutter pflegte »im Ballen« zu kaufen, sparsam und praktisch wie sie war. Reißfeste, dunkle Stoffe, im Preis heruntergesetzt, weil nicht mehr modisch.

Die Hausschneiderin, Frau Schenk, eine graue Maus mit Eigengeruch, nähte jeweils fünf Kleider daraus. Für die Kleinen Hänger, für die Größeren mit Taille. Die Röschen-Kleider ausgenommen, waren sie allesamt scheußlich. Darüber trugen wir kräftigblaue Kutscherschürzen, in der Mitte mit einer großen Tasche. Daran waren wir weithin erkennbar. Wir litten unter dieser Kleidung, die uns heraushob, die uns anders machte. »Die vom Jute« nannten sie uns im Dorf und wunderten sich.

Jahrzehnte später, wegen dieser Barbarei zur Rede gestellt, erklärte meine Mutter erschrocken: »Das verstehe ich gar nicht. Ihr saht doch darin immer so reizend aus!«

Meine Erinnerung an Zuhause setzte ein, als ich etwa zwei war. Meine Schwestern Ute und Brigitte, sechs und acht Jahre alt, hatten mich liebevoll an den Händen gefaßt und wanderten mit mir durch den Park, weit hinten, wo die Familiengräber lagen und es so modrig roch. Wo es dämmrig war im Schatten der alten Bäume und das Gebüsch dicht und undurchsichtig erschien.

Plötzlich, wie auf Kommando, ließen sie mich los, kreischten »Löwe kommt! Löwe kommt!« und rasten davon.

Ich stand da wie gelähmt. Machte dann kehrt, schrie mörderisch und rannte auf unsicheren Beinchen in Richtung Gutshaus, jeden Augenblick erwartend, daß ein zähnefletschender Löwe mich anfiele.

War mein Vater in der Nähe, nahm er sich meiner an. »Diese Brut!« schnaubte er, doch die hatte sich längst auf irgendeinem Baum in Sicherheit gebracht.

Ich durfte zum Trost an seiner Zigarre ziehen oder mit ihm aufs Feld fahren, sehen, wie die Arbeit dort voranging.

Schon früh lernte ich dadurch kutschieren, lernte, meine kleinen Schritte seinen großen anzupassen, lernte die Namen von Blumen und Gräsern und die Vogelstimmen zu unterscheiden.

Ich konnte lange nahezu bewegungslos sitzen, auch wenn mich Mücken piekten, wenn wir auf einen Bock ansaßen oder das Einfallen der Wildenten beobachteten. Ich wollte, daß er stolz auf mich war.

Voll von Erlebnissen kehrte ich zurück, schmutzig, mit zerrissenem Kleid. Schwester Lene wartete schon auf mich. Sie war eingestellt worden, um mich zu hüten, um den Geschwistern Manieren beizubringen. Und sie nahm ihre Rolle sehr ernst.

Sie trug Schwesternkleidung und ein weißes Häubchen, war freundlich-fröhlich, aber bestimmt. Sie aß mit uns abends im Kinderzimmer. Und wehe, eine von uns legte ihren Ellbogen auf den Tisch. Mit einem schmerzhaften Ruck stieß sie ihn auf die Tischkante und tat, als wenn nichts gewesen wäre. Auch mußte aufgegessen werden, selbst die verhaßte Blutwurst.

Frauke erfand den Trick, sie im Mund zu behalten und später hinter den Kachelofen zu spucken. Das kam erst heraus, als faulige Gerüche aufstiegen. Von da an quetschte Schwester Lene nach jedem Essen mit Daumen und Zeigefinger unsere Backen zusammen. Wenn jemand etwas versteckt hatte, quoll es heraus, wie einmal bei Ute! »Igittigitt!« Juchzend flüchteten wir vom Tisch.

Wir ekelten uns oft voreinander. Bonbons blieben tagelang unberührt, man brauchte sie nur in Gegenwart aller anzulecken. Das war besonders an Geburtstagen wichtig, weil man sonst leicht beklaut wurde.

Aus demselben Becher trinken, eine Stulle abbeißen, die der Schwester gehörte. Ekelhaft! Lieber wären wir gestorben.

Wir schlugen uns wie die Kesselflicker, fanden uns schlichtweg abscheulich, aber wir hielten zusammen! Das zeigte sich immer dann, wenn Gefahr heraufzog. Wie einmal, als Vater in blinder Wut drohte, er würde »Knöpfchen«, den Dackel, erschießen, sowie er vom Wildern zurückkäme.

Vater haßte wildernde Hunde und Katzen, die soviel Schaden unter dem Wild und den Vögeln anrichten konnten. Er schoß sie ab, traf er sie in der Feldmark. Und Knöpfchen, jagdlich ebenso passioniert wie sein Herr, schlich sich hin und wieder alleine vom Hof, wenn ihn das Jagdfieber überkam.

Wir starteten sofort eine Rettungsaktion, egal, wie spinnefeind wir zuvor gewesen waren. Nach allen Richtungen schwärmten wir aus, um den Hund abzufangen, schafften das auch ungesehen, schleusten ihn in einem Korb ins Haus, hielten ihn drei Tage lang im Keller, in der Milchkammer, versteckt. Nur Herta, die Mamsell, war mit im Komplott!

Welche Ängste standen wir aus, daß Knöpfchen sich und uns verriet, indem er kläffte. Denn Vaters Drohungen nahmen wir ernst, nachdem wir erlebt hatten, wie er zwei Junghennen erschoß, die über den Zaun geflogen waren und in seiner frisch gedrillten Gerste scharrten.

Erst als er, der seinen Hund – diesen und viele andere – sehr liebte, bekümmert und empört zugleich, beim Mittagessen ausrief: »Knöpfchen ist weg, tot wahrscheinlich, abgeknallt von einem der Bauern, und euch kümmert das überhaupt nicht!« ließen wir den Rüden aus seinem Versteck.

Er, der ohnehin nicht begriffen hatte, warum er in Einzelhaft saß, sprang schwanzwedelnd, gut genährt und knochentrocken an seinem Herrn empor, leckte ihm die Hände und wollte sich schier umbringen vor Wiedersehensfreude.

Vater fragte uns nie, wo der Hund gesteckt hatte, er dachte es sich auch so.

Die erste Mamsell, an die ich mich erinnern kann, war besagte Herta. Wie oft flüchtete ich mich zu ihr. Sie war warm und weich und herrlich dick und viele Jahre in unseren Diensten. Sie hatte ein rundes, gutmütiges Gesicht, trug einen Mittelscheitel und straff nach hinten gekämmtes fettiges Haar, das in einem dicken Knoten mündete.

Ein wogender Busen, eine bunte Schürze mit großen Taschen, in denen oft Plätzchen steckten, der Geruch von Schweiß, deftiges Lachen, Fröhlichkeit – das war Herta. Und zu ihr gehörte ein großes Messer, mit dem sie in der Speisekammer Schinken abschnitt, mir zusteckte. Ein empörter Ausruf: »Laßt die Faxen!« Ein kräftiger Arm, der mich aus den klammernden Griffen meiner Schwestern rettete, die wieder einmal »Löwe kommt« mit mir vorhatten.

Sie herrschte über das Erdgeschoß! Küche, Keller und Milchkammer unterstanden ihr, dazu das Küchenmädchen und die alte Frau Steinberg.

Frau Steinberg, die Kartoffeln schälte, Hühner rupfte, Beeren pflückte, Wäsche wusch und im Sommer nie einen Schlüpfer trug, wie wir bald herausfanden. Sie stellte sich einfach breitbeinig hin und pinkelte zwischen die Himbeeren!

Herta hatte einen stattlichen Freund. Er war Gestütswärter und hieß Karl Bäsel. Er trug Knickerbocker, hatte blondes, krauses Haar und verschenkte Bonbons. Dafür mußten wir ihn küssen.

Meine Schwester Brigitte wies das weit von sich. Ute und ich taten es, mit Widerwillen zwar, doch so eklig wie die eigenen Schwestern war er uns nicht. Er besuchte Herta in der Küche, wenn Mutti nicht da war oder es nicht merkte. Dann saß er auf der Holzkiste und schäkerte mit Herta und dem Küchenmädchen und mit uns.

Karl Bäsel meinte es nicht ernst mit Herta. Er war nicht treu. Eines Tages ging er fort. Herta weinte viel, sie hatte ihn sehr geliebt. Ihre Tränen kullerten in die Suppe, fielen auf den Braten, tropften in den Kuchenteig. Ich leistete ihr Gesellschaft beim Weinen, weil ich doch bei ihrer Hochzeit die Schleppe hätte tragen sollen!

»Bloß gut, daß er mich nicht noch ›beschwängelt‹ hat«, sagte sie eines Tages, und da war sie auch schon über ihren Schmerz hinweg. Ich nickte zustimmend. Beschwängeln ist das altmärkische Wort für schwängern, aber das wußte ich damals noch nicht.

Herta heiratete dann doch noch. Eine Vernunftehe, wie sie mir erzählte. Ihr Mann war Kleinbauer in Grassau, einem Nachbardorf. Wenn ich später in aller Herrgottsfrühe mit dem Bummelzug in die Schule fuhr, stand sie oft in ihrem kleinen Garten am Zaun und winkte mir zu. Sie bekam dann eine Tochter, die sie Brigitte nannte, nach meiner Schwester, die ihrem ungetreuen Karl die Küsse verweigert hatte.

Ehe sie fortging, feierten wir ihr Jubiläum, sicher das zehnjährige. Es gab Baisertorte vom Konditor aus Stendal. Köstlich!

Vater führte Herta zu Tisch. Vor Rührung brach sie in Tränen aus. Diesmal weinte ich nicht mit.

Später gingen wir alle im Park spazieren, noch später wurde die drehbare Wippe geentert. Eine Belustigung, die schon die Kindheit meines Vaters und seiner drei Schwestern versüßt hatte. Auf jeder Seite konnten drei Personen sitzen. Zwei weitere drehten die Wippe mit aller Kraft im Kreise.

Herta – nicht mehr ganz nüchtern – die hinten saß, ließ

plötzlich den Griff los und sauste kreischend über die Hecke zwischen die Gräber. Dann war Stille! Wir waren furchtbar erschrocken und stürzten hinterher. Sie rappelte sich gerade von der Ruhestätte der vierzehn Kinder hoch, die von der Pest dahingerafft worden waren, anno 1702. Die Spitzenbluse war zerrissen, sonst schien ihr nichts passiert.

»Kommt bloß weg«, rief sie, »sonst ziehen die Bälger mich noch in ihr Grab!«

Zu meiner frühesten Kindheit gehört auch Schmalz! Carl Schmalz, Gutsgärtner und Jagdaufseher meines Vaters. Schmalz war klein und o-beinig, er trug ein kurzes dunkles Schnurrbärtchen und hatte einen ungemein listigen Gesichtsausdruck. Schmalz war ein Original!

Wie oft besuchte ich ihn in seinem Gewächshaus, in dem es so wunderbar roch, nach Erde, exotischen Pflanzen, Petersilie, die durch große runde Löcher aus einer Holztonne wucherte. Und es roch nach den beiden Frettchen, Peter und Paul, die hier ihren Käfig hatten. Flinke weiße Tiere mit roten Augen, die für die Karnickeljagd gebraucht wurden.

Stundenlang konnte ich bei Schmalz hocken, ihm zusehen, wie er Blumen eintopfte und mit gewichtiger Stimme Lebensweisheiten zum besten gab. Oder wenn er die Palmen, Agaven und die anderen Blattgewächse goß, die hier überwinterten, um im Sommer in großen Kübeln Park und Terrasse zu verschönern.

Er nannte mich »Ütte« wie die meisten in unserer großen Familie. Den Namen hatte ich mir selbst gegeben, abgeleitet von Lütte, wie Schwester Lene mich rief.

»Ütte, dat eene will ich dich sajen, dat Leben is schön, wennste vastehst, damit umzujehn!«

Eine simple Lebensweisheit, doch wie wahr! Oder er empfahl mir: »Mußt imma deine Hände uffhalten! Nich für Süßigkeiten natierlich, nee, für't Leben! Wat globst du, wat sich da allet Schönet in sammelt. Kannste jar nich allet ufbrauchen, so reich biste!«

Sätze, die ich nie vergaß, bis heute nicht. Nach denen ich zu leben versuchte und deren Wirkung mich nie enttäuschte.

Schmalz schickte mir Kartons mit Äpfeln ins Internat, als die Zeiten schlecht wurden. Er legte ein paar ungelenke Zeilen obenauf, wie etwa diese:

»Liebe Ütte, lern dir man schön wat, hilft ja doch nischt. Bei uns is allet wie imma. Bloß der Drachen is perdü, Chef war mit die Beene drüber her. Beste Grüße, dein treuer Schmalz.«

Dieser kurze Brief sagte mir mehr als jede andere Nachricht von Zuhause. Er tröstete mich über mein Los, berichtete, daß alles beim alten war. Mit einer Ausnahme allerdings, denn Vater hatte den Drachen, in Gestalt eines Raubvogels, der zum Rebhühnerschießen benutzt wurde, anscheinend total demoliert. Aus Wut, so schätzte ich, weil das Ding mal wieder nicht so in die Lüfte stieg, wie Vater sich das gedacht hatte.

Vaters Zornesausbrüche machten auch Schmalz schwer zu schaffen. Er stand dann abseits und schüttelte nur den Kopf. Meist jedoch verrauchte Vaters Wut so schnell, wie sie gekommen war. Manchmal auch nicht, wie bei dem unschuldigen ausgestopften Uhu, dem er eine aufs Fell brannte, daß die Federn nur so stoben.

Vater und Schmalz waren sehr für jagdliche Neuheiten. Sie freuten sich wie die Kinder daran. Der Uhu gehörte auch dazu. Ihn stellte man auf einen Pfahl, mitten auf den Acker. Eine Schnur, die mit ihm verbunden war und mit der man seine Flügel bewegen konnte, führte in die versteckt liegende Jagdhütte. Stießen nun Bussarde und andere Raubvögel herab, um den vermeintlichen Feind anzugreifen, konnten sie leicht abgeschossen werden. Und das war nötig, denn gerade Bussarde gab es damals in Massen. Sie dezimierten unsere Küken und Junghennen beträchtlich. Aber dieser stolze, teure Uhu tat leider nicht so, wie er sollte. Da kochte Vater über und erledigte den Kunstvogel kurzerhand auf seine Art.

Schmalz erlebte noch, wie mein einziger Bruder geboren wurde. Er trug ihn Heiligabend, an dem er nie fehlen durfte, stolz auf dem Arm und zeigte ihm den brennenden Lichterbaum. Dann sagte er, für alle hörbar, indem er den Jungen abschätzend betrachtete:

»Wenn er mich bloß nicht so hitzig wird wie der Alte!«

Bald darauf starb Schmalz, ziemlich sinnlos an einer zu spät erkannten Diphtherie. Unsere Trauer um ihn war grenzenlos. Aber vielleicht war es gut, daß er unsere Vertreibung und Enteignung zwei Jahre später nicht mehr erlebte, er wäre sicherlich schlecht damit fertiggeworden. Auch daß sein einziger Sohn Rudi es später zum Bürgermeister in der früheren DDR brachte, hätte ihm wenig gefallen.

Rudi war die erste Liebe von Frauke, meiner zweitältesten Schwester. Als er nach einer Lungenentzündung in ein Erholungsheim verschickt wurde, sandte er ihr eine Karte, auf der das Kurheim abgebildet war. Ein Fenster davon hatte er angekreuzt. Er schrieb: »Liebe Frauke, wie geht es Dir? Mir geht es gut. Wo der Kreuz, ist meine Stube! In Liebe, Dein Rudi.«

Worauf »Wo der Kreuz, ist meine Stube«, ebenfalls zum geflügelten Wort bei uns wurde und bis zum heutigen Tag benutzt wird.

Schmalz hatte ein breites Tätigkeitsfeld. Er war für den Gemüse- und Blumengarten, für den Park und für das Jagdrevier zuständig. Und er erledigte seine vielen Aufgaben, mit Unterstützung einiger Arbeiterfrauen, vortrefflich.

Dank seiner gärtnerischen Fähigkeiten gediehen bei uns Artischocken! Er verstand es, Englischen Sellerie zu züchten. Es gab Pfirsiche, Weintrauben, Brombeeren und riesige Kürbisse, die süßsauer eingelegt, eine Delikatesse waren, und vieles mehr.

Bei Kürbissen fällt mir eine Geschichte ein, die typisch für meine Großmutter, Oma Suse, war, die sich die Oberherrschaft über den Gemüsegarten nicht hatte nehmen lassen.

Im Kriegsjahr 43/44 gab es ungeahnt viele Kürbisse, gegen die wir nicht mehr ankamen, obwohl bereits eimerweise Marmelade für die Gefangenen davon gekocht worden war.

Oma setzte sich also hin und schrieb an ihre hungernde Cousine Mande ins Rheinland. »Liebe Mande«, schrieb sie, »soll ich Dir einen Kürbis schicken? Wir haben zu viele, und unsere Schweine fressen sie nicht mehr!«

Mande lehnte empört ab. Ein Paket von mit Kürbis gemästetem Schwein wäre ihr lieber gewesen.

Aber zurück zu Schmalz, der es nicht vertragen konnte, wenn jemand in seinen Beeten herumtrampelte. Oma aber schickte dauernd eine ihrer Haustöchter, die ihm beim Pflücken von Obst helfen sollten. Daraufhin kam er eines Tages zu ihr ins Haus, drehte seinen grünen Hut in den Händen und bat:

»Gnädje Frau, dat Frollein Toppius schicken Se mich man nich widder mang die Erdbeeren! Die hat ja Beene wie son Wallach!«

Und als er mittags ein anderes Mädchen beim Naschen der süßen Früchte erwischte, schnaubte er:

»Olja, wenn ick Ihnen noch enmal mang die Erdbeeren erwische, dann schlage ik Sie Ihre dicken Kackstel-
zen dicht unterm Hintern weg!«

Schmalz ergötzte uns ständig mit seinen Aussprüchen.
Seine rundliche Frau, mit der er sehr glücklich lebte,
nannte er nur: »Meine Olle, dat Aas!«

Und als ein Jagdhund nachts plötzlich tollwütig wurde
und von Vater mit der Pistole in Schmalzens Küche
erschossen werden mußte, ging er ruhig eine Tür weiter ins eheliche Schlafgemach, wo seine Frau vor
Schreck über den Schuß aufrecht im Bett saß. Er
drehte sich zu Vater herum, schüttelte mißbilligend
den Kopf und sagte: »Meine Olle, dat Aas, verpassen
Se man och jleich noch eene!« Eine Kugel nämlich.

Schmalz blickte verächtlich auf alle Kollegen herab,
die Försteruniform trugen. Womöglich hätte er selbst
gerne eine gehabt. Nach einer Jagd in Neuermark trat
er auf einen solchen Kollegen zu, dessen undiszipli-
nierter Hund aufgefallen war. Er schüttelte dem er-
staunten Mann die Hand und bemerkte trocken:
»Männeken, an Sie is och dat Beste die Uniform!«

Mein recht gut aussehender, weltmännischer Onkel,
Reinhard von Elern, war aus Berlin zu Besuch gekommen. Er wollte ein paar Fasanen schießen, und
Schmalz begleitete ihn mit dem Jagdhund. Er erstat-
tete später Bericht:

»Jetrofffen hat er ja keenen. Aber wie er dat so macht,
sowat Elejantes!« Dabei versuchte er (vergeblich) zu

demonstrieren, mit welcher Eleganz der Onkel vorbei-
geschossen hatte.

Gern wurde er von den benachbarten Gütern zu den
Jagden »ausgeborgt«, weil er so gut mit den Jagdhun-
den umzugehen verstand, die ihm aufs Wort parierten.

Einmal war er in Kläden beim Grafen Bassewitz dabei
und erzählte meinem Vater, der mit Grippe im Bett
lag, seine Erlebnisse:

»Also jleich nach das erste Treiben, da kommt doch son
Herr auf mich zu, Exzellenz sagten se zu den:
›Förster, Ihr Hund jeht jut. Woll'n Se mich den nich
verkoofen?‹

›Nee‹, sag ich, ›dat kann ich nich, der hört meinen
Chef.‹

Nachs zweite Treiben kommt mich doch der widder:
›Förster, Ihr Hund jeht jut. Woll'n Se mich den nicht
verkoofen?‹

›Nee‹, sag ich, ›der hört meinen Chef, den kann ich Sie
nich verkoofen!‹

Was soll ich Sie sagen, nach das nächste Treiben
kommt mich der Mensch wahrhaftig zum drittenmal!
Mich deucht, der war nicht recht bebrütet!«

Dieser, in seinen Augen nicht recht bebrütete Herr
war übrigens der Generalfeldmarschall Gerd von
Rundstedt.

Als ein neues Küchenmädchen eingestellt wurde,
sagte Vater zu ihm: »Hören Sie, Schmalz, das neue

Mädchen heißt Ella, wie unsere Jagdhündin. Ich finde, das geht nicht. Wir wollen also Ella von jetzt an Bella rufen!«

Worauf sich Schmalz nachdenklich am Hinterkopf kratzte: »De Ella is jreulig eigen. Wenn se darauf man hört!«

Einmal wurde er noch spät zu einem unserer Tagelöhner geschickt, um etwas zu bestellen. Er kam grinsend zurück: »Jetzt wees ick och, warum die so ville Kinder haben! Frau Röhlecke war in' Schlafanzug!«

In seinen Augen wohl ein äußerst zeugungsfreudiges Kleidungsstück.

SCHULE SCHWÄNZEN IST ERLAUBT

Wenn ich an Schinne denke, rieche ich Flieder. Er wuchs in verschwenderischer Fülle rings um den Park, überwucherte die Mauer und verströmte einen unbeschreiblichen Duft. Ich höre die Frösche vom Teich her quaken, fühle die laue Luft auf meiner Haut und sehe flirrendes Sonnenlicht durch die Zweige fallen.

Es war ein Montag im Sommer, morgens um sechs. Als meine Mutter mich weckte, blinzelte ich schlaftrunken zum Fenster hinüber: blauer Himmel, kein Wölkchen! Im Nu war ich hellwach, setzte mich im Bett auf, freute mich.

Beim Frühstück sah ich es sofort, Vater war bester Laune. Er trank seinen Tee aus, und dann kam der ersehnte Satz, den ich schon so oft von ihm gehört hatte:

»Bei dem herrlichen Wetter willst du doch wohl nicht in die Schule gehen?«

Ich schüttelte heftig den Kopf. Nein, das wollte ich gewiß nicht.

»Dann spann die Kutschpferde an! Wir fahren durch die Felder!«

Mit hochroten Wangen raste ich zum Stall.

Meine Mutter schüttelte den Kopf: »Aber Hennig, das Kind muß doch etwas lernen!«

Mein Vater lachte: »Scheißschule! Bei mir lernt sie mehr!«

Ich holte die Pferde aus ihren Boxen, schwang mich auf den Bock, fuhr stolz vor. Unsere Hunde begleiteten uns, meist drei oder vier. Terrier und Teckel, oft auch ein Jagdhund. Sie umsprangen kläffend den Wagen.

Dann kam Vater. Er trug Fernglas, Stock und Flinte, stieg zu mir auf den Bock. Und los ging's! Ich durfte kutschieren. Erstmal in Richtung Fasanerie. Vorbei an den Koppeln mit den Hühnerställen, auf denen sich behäbige Stuten mit ihren Fohlen tummelten. Neben uns der Bach, der weiß von blühender Möhre war.

Erstes Halten bei den Italienern, die im Akkord die Zuckerrüben hackten. Kurzes Palaver, Lachen, Winken! Es war eine Freude, ihnen zuzuschauen, so fix machten sie ihre Arbeit.

Die Italiener kamen in jedem Jahr zu uns, immer dieselben. Sie stammten aus der Poebene, ein ewiger Witz für uns Kinder, und fuhren im Spätherbst zurück zu ihren Familien. Im Frühjahr waren sie gleich den

Zugvögeln wieder da. Zwei hatten sogar ihre Frauen mitgebracht, weil sie auf ihre heimische Kost nicht verzichten mochten.

Sie nannten Vater »Padrone« und brachten ihm Chianti in Korbflaschen mit. Luigi war ihr Sprecher, er konnte gut deutsch, seine Frau daheim war Österreicherin. Dann gab es Eugenio, ein bildschöner Bursche und der Schwarm meiner älteren Schwestern. Pedro, schwarz und heftig, Silvio, sanft mit Rehaugen, Umberto, Anselmo und andere, deren Namen ich vergessen habe.

Außer Chianti brachten sie sich Parmesankäse und Olivenöl aus ihrer Heimat mit. Die Frauen rollten hauchdünne Nudeln aus, die köstlich schmeckten. Bei ihnen aß ich die ersten Pommes frites meines Lebens, sie waren in zierliche Stäbchen geschnitten. Wunderbar!

Die Italiener waren laut und herzlich und mochten mich. Ich durfte in ihre Wohnungen kommen, wann immer ich Lust dazu hatte. Ich tat es oft und meistens heimlich. Sie waren immer so vergnügt, so anders, sie sangen melancholische Lieder, die ich nicht verstand, bewunderten meine blonden Zöpfe, schrien, gestikulierten wild, um sich im nächsten Augenblick in den Armen zu liegen, selbst die Männer. Ich fand das schön.

Aber einmal waren sie böse auf mich. Als ich ihnen einen Igel abjagte, den sie verspeisen wollten. Igelbraten war für sie eine Delikatesse! Sie umhüllten das arme Tier mit Lehm und rollten die hart gewordene Kugel in die Glut. Ich probierte unwissentlich davon. Es schmeckte großartig! Aber als ich dann herausbekam, was mir so gut gemundet hatte, wurde mir speiübel. Außerdem war ich wütend. Diese nützlichen Tiere zu essen! Eine Gemeinheit!

Kurz darauf beobachtete ich den schönen Eugenio, der stets eine Blume zwischen den Lippen trug, wie er mit einem Sack nach Hause kam, in dem ein neues Opfer zappelte. Heimlich ließ ich den Igel frei. Sie waren außer sich über meine Tat, alle! Erst ein Huhn, das ich ihnen in meiner Not als Ersatz anbot, machte uns wieder zu Freunden.

Ich fing es unter Mittag, als meine Familie beim Essen saß, steckte es in den Ingel-Sack und rannte damit in die Italiener-Unterkunft. Dort schleuderte ich den Sack in die Küche! Das Huhn entkam mit lautem Geschrei, flog in seiner Angst auf den Schrank. Mehr sah ich nicht, weil ich bereits auf dem Rückweg war, erhitzt, zerzaust und dreckig ins Eßzimmer stürzte, wo die Suppe bereits gelöffelt wurde.

»Wo kommst du denn her? Und wie siehst du überhaupt aus?« Meine Mutter musterte mich kopfschüttelnd. Zuspätkommen bei Tisch war verpönt.

»Wasch dich erstmal, aber dalli!« Das war Vaters Stimme. Sie klang noch verhältnismäßig wohlwollend, was ich erleichtert registrierte.

Doch von der leckeren Kerbelsuppe sah ich trotzdem nichts mehr. »Wer nicht kommt zur rechten Zeit . . .«
Macht nichts, ich würde später zu Herta in die Küche gehen, von ihr bekam ich bestimmt noch ein Tellerchen. Oder von Lisbeth, dem fünfundzwanzigjährigen Küchenmädchen, mit dem ich mich prima verstand.
Lisbeth hatte ebenfalls eine Schwäche für die Italiener. Ich führte sie bei ihnen ein. Sie war fröhlich und drall, vollbusig und ohne Taille. Sie war plattfüßig und von derber Schönheit. Und Lisbeth war – sterilisiert. Eigentlich eine grausame Sache, aber ein Umstand, den die Herren über Schinnes Grenzen hinaus zu schätzen wußten.
Außer Lisbeth waren noch Lina und Hilde sterilisiert, junge Mädchen wie Lisbeth, alle bei uns in Diensten, alle mehr oder weniger mit geistigen Gaben versehen. Lisbeth war noch am hellsten. Sie beglückte eine Menge Männer! Nicht nur die Italiener! Montags erschien sie oft erst mittags bei uns in der Küche, gerade noch rechtzeitig zum Abwaschen.
»Flegers hem mei metnoam!« (Flieger haben mich mitgenommen) gab sie lakonisch Auskunft und kicherte verschämt.
Die Fallschirmjäger lagen acht Kilometer entfernt in Borstel bei Stendal. Schinne war ihr beliebter Sonntagsausflug. Der letzte Zug, später im Krieg ohne Beleuchtung in den Abteilen, fuhr um halb elf zurück. Lisbeth benutzte ihn sehr oft. Bloß mit dem Heim-

31

kommen klappte es nie so recht. Meist kam sie erst am anderen Tag zu Fuß angetrabt, zerzaust und müde.

Vater redete ihr dann ins Gewissen oder Mutti, aber das hielt nur eine knappe Woche.

Meine Schwester Frauke versuchte sie über ihre Abenteuer auszuhorchen, doch Lisbeth lachte immer nur albern.

Mehr Glück hatte sie damit bei Lina, die bei Schmalz im Garten arbeitete. Lina stand auf ihren Hackenstiel gelehnt stundenlang wie ein Denkmal. Nur wenn meine Großmutter auftauchte, kam Leben in sie.

»Mutti kümmt!« rief sie dann erschrocken und hackte emsig, bis Oma Suse außer Sichtweite war.

Lina wurde gern von den französischen Gefangenen heimgesucht, wir hatten drei. Und von Röhlecke, dem buckligen Hilfsschäfer, von dem sie behauptete, er sei »en fixen Keerl«. Mit ihm, dem mehrfachen Familienvater, traf sie sich sonntags in der Fasanerie. Ich folgte ihnen heimlich. Doch plötzlich waren sie verschwunden. Röhlecke schien in der Tat ein fixer Kerl zu sein!

Frauke aber ließ nicht locker. Sie fragte Lina rundheraus nach ihren Liebeserlebnissen. Und Lina, froh, daß sich jemand für sie interessierte, versuchte sich zu artikulieren. Das fiel ihr ziemlich schwer, aber Frauke, damals gerade siebzehn, gab keine Ruhe.

Ich wurde weggeschickt, was mich ärgerte. Deshalb versteckte ich mich hinter der Hecke und lauschte.

Aber es war wenig befriedigend, was ich zu hören bekam. Daß Röhlecke ein fixer Kerl war, wußte ich bereits. Dann folgte wirres Platt, unterbrochen von ersticktem Gelächter. Es ging nun um Michel, den Franzosen, und »Rinsteeken«. Ich gähnte und trollte mich. Langweilig!

Frauke aber erzählte später flüstend und kichernd den Großen, was Lina, die nur im Winter eine Unterhose trug, ihr berichtet hatte. Ich war empört über diese Lügen!

»Gar nicht wahr!« schrie ich. »Michel hat aus Spaß irgendwas in Linas Tasche gesteckt, wahrscheinlich, um sie zu foppen!«

Diese Auskunft schien die älteren Schwestern derart zu belustigen, daß sie rot anliefen und keine Luft mehr bekamen, so schüttelte sie das Lachen.

»Blöde Puten!«

Aber zurück zum Ausflug mit Vater auf dem Kutschwagen, der inzwischen in die Fasanerie eingebogen war. Hier trafen wir auf Schmalz, der den kürzlich ausgesetzten Fasanenhennen Futter gebracht hatte, um sie rascher an ihre neue Heimat zu gewöhnen.

Vater hieß ihn aufsteigen und setzte sich zu ihm nach hinten. »Fahr zur großen Mergelkuhle«, gebot er mir. »Mal sehen, ob wir ein paar Enten bekommen!«

Ich ließ die Peitsche leicht über den Rücken der Pferde tanzen und schnalzte mit der Zunge. Prompt fielen sie in einen flotten Trab.

»Nur ein Stückchen«, sagte ich, um Vater zu beruhigen, der es nicht mochte, wenn in der Fasanerie getrabt wurde, weil das Wild sich unnötig erschreckte.

Hundert Meter vor der Kuhle ließ er mich halten. Die Hunde wurden angeleint. »Halt die Leinen straff, falls geschossen wird«, erklärte er, »damit dir die Gäule nicht durchgehen!«

Ich nickte und blieb im Wagen zurück. Vater und Schmalz pirschten sich gegen den Wind zur Mergelkuhle vor. Bald peitschten Schüsse, drei oder vier, dann sah ich einen Pulk Enten in wilder Flucht abstreichen.

Die Pferde spitzten die Ohren, scharrten aufgeregt mit den Hufen, ich sprach beruhigend auf sie ein. Fünf Minuten später erschienen die Jäger auf dem schmalen Pfad, die Hunde liefen jetzt frei, Bibo war klatschnaß. Schmalz trug drei Enten, darunter zwei bunte Erpel.

»Ist eine der Enten ins Wasser gefallen?« fragte ich ihn. Er nickte bedächtig.

»Se war noch nich richtig uffjekommen, da sprang Bibo schon int Wasser«, bestätigte er stolz.

Vater entlud seine Flinte. Wir rollten weiter, setzten Schmalz mit den Enten, die er in der Küche abliefern würde, in der Nähe des Hofes ab und fuhren hinter dem Dorf entlang Richtung Schernikau zum Großen Bruchschlag, wo die Wiesen lagen und das Vieh weidete.

Ein Zaun war entzwei, am Tor etwas zerbrochen, und Karli, der Hofschmied, war dabei, es in Ordnung zu bringen.

Karli war der Vater von Irma, meiner besten Freundin und Gefährtin der Grundschuljahre. Irmas Mutter flößte mir manchmal Unbehagen ein. Sie war sehr hektisch und sehr seltsam. Sie drückte mich oft an ihren mächtigen Busen und flüsterte dann unverständliche Dinge in singendem Tonfall. Dann wieder schluchzte sie plötzlich herzzerreißend.

Von Irma, ihrer Tochter, sie hatte drei, sprach sie nur von »Irma, die dumme Pute!«, dabei war Irma sehr nett. Sie ließ mich, so oft ich danach verlangte, in ihre »Gute Stube« schlüpfen, weil ich noch nie ein Vertiko, eine Art Zierschrank, und erst recht keine Kredenz gesehen hatte. Und schwarzgrundige Kissen mit Perlen bestickt und wunderbare Papierblumen in einer goldschimmernden Vase, die drei Beine hatte. Eine rosa Spitzendecke lag auf dem Tisch. Und über dem Sofa hing ein mächtiges, goldgerahmtes Bild mit einem Hirsch am Wasserfall und blutrotem Alpenglühen! Ich war sprachlos vor Entzücken. Solche herrlichen Dinge gab es bei uns nicht.

Ich ging auch oft zu Karli in die Schmiede und durfte den großen Blasebalg bedienen, der wie das Verdeck eines Kinderwagens aussah. Dann loderte das Feuer hellauf, Eisen glühte, das Karli auf dem Amboß mit mächtigen Schlägen bearbeitete und plötzlich, laut zischend, in den Zuber mit Wasser tauchte. Ich schaute zu, wenn vor der Schmiede die Pferde beschlagen wurden und es so seltsam nach verbranntem Horn roch.

Karli war der Sohn von Hack-Schulz, dem alten Hof-Maurer. Ein zweiter Sohn war Sattler, genannt Schnell-Schulz, weil er so rasch war. Auch bei ihm hockte ich oft in der Werkstatt, wenn er Pferdege-schirre flickte oder neue Leinen und Sättel anfertigte. Mein erstes Portemonnaie bekam ich von ihm. Es war blau und hatte einen großen goldenen Knopf. Ich trug es noch bei mir, als wir flüchten mußten.

Dann gab es einen weiteren Bruder, der wurde Bahn-Schulz genannt, weil er dem Kleinbahnhof vorstand.

Bahn-Schulz hatte ein Holzbein! Ob er das rechte Bein dem Ersten Weltkrieg oder den Rädern eines Zuges geopfert hatte, ist mir entfallen. Bahn-Schulz kam auf einem Spezialfahrrad angefahren, wenn er mit dem Verwalter die Anzahl der anzufordernden Kartoffel- oder Rübenwaggons besprach. Bibo, der Terrier, sonst lammfromm, mochte partout keine Räder. Er holte Bahn-Schulz, wurde er seiner ansichtig, jedesmal her-unter, biß ihn ins Bein, zerriß seine Hose. Der Mann jammerte dann verzweifelt: »Ich halte ihm doch im-mer dat Holzbeen hin, aber dat Vieh beißt egalweg int richtige!«

Was Vater wieder eine von seinen Hosen und eine Flasche Schnaps kostete.

Schnaps! Zu gewissen Zeiten besoff sich Bahn-Schulz.

»Wegen seines Stumpfes«, sagte seine Frau, der mitunter unerträglich schmerzte. Er war dann aktionsunfähig und hing mit glasigen Augen auf seinem Stuhl. Kam er nicht aus seinem Kabuff, wenn der Zug einlief, dann stieg der Schaffner aus und verkaufte die Fahrkarten. Oder einer der Reisenden, der die Lage erkannt hatte, sorgte für gültige Fahrausweise.

Drei Jahre lang war ich Fahrschülerin dieser Bimmel- oder Bummelbahn, die auf jeder Station rangierte, Waggons an- oder abkoppelte und Stunden brauchte, besonders während der Rübenernte, bis sie am Ziel war. Ich habe so manche Fahrkarte verkauft, wenn Bahn-Schulz nicht fähig oder überhaupt verschwunden war. Der Schlüssel seiner kleinen Bude lag unter der Fußmatte, was jeder wußte. Die Kasse hat trotzdem immer gestimmt.

Den Zug verpaßt habe ich nie – leider! So sehr ich auch verschlief oder herumtrödelte. Er bimmelte, heulte, pfiff und tutete so lange, bis das ganze Dorf wach war und ich auf der Kirschallee erschien, die von uns direkt zum Bahnhof führte. Er wartete getreulich! Der Zugführer grinste, der Heizer, schwarz wie ein Schornsteinfeger, drohte mir scherzhaft mit seiner riesigen Schaufel. Ehe ich nicht an Bord war, ging es nicht los. Ehrensache! Deshalb sagte ich immer vorher Bescheid, wenn ich zu schwänzen gedachte oder die Ferien begannen.

Und als einmal eine Türscheibe zu Bruch ging, weil ich

wieder während der Fahrt von Waggon zu Waggon geturnt war, beruhigte der gute Schaffner mich, dessen einziger Fahrgast ich morgens oft war: »Wenn die in der Direktion Klamauk machen, sage ich einfach, das war son Dämlack, der hat vom Bahndamm aus mit 'nem Stein geworfen!«

Vater sprach also mit Karli, schüttelte den Kopf über die vom Jungvieh zerrissenen Zäune, ging mit den Hunden ein ganzes Stück daran entlang, sah mit dem Fernglas zur Grenze nach Schernikau hinüber, wo ein Sprung Rehe äste.

Ich stieg vom Wagen, stand vorne bei den Pferden, die sich mit Köpfen und Schweifen der Bremsen und Fliegen erwehrten, die hier, wo das viele Vieh weidete, besonders lästig waren.

Der Geruch der Pferde, ihr Schnauben, das Knarren des Lederzeugs, der würzige Duft von den Wiesen, die Sonne, die vom Himmel brannte, der Anblick des wiederkäuenden schwarzbunten Viehs – dies alles wird mir unvergeßlich bleiben.

Karli, immer ein wenig gebückt, trotz seiner erst fünfunddreißig Jahre, fragte lächelnd: »Na, Ütte, keine Lust zur Schule gehabt?«

»Nee«, erwiderte ich. »Das Wetter ist zu schade dazu!«

Er nickte verständnisvoll. »Stimmt!« sagte er und kniff mit der Zange ein Stück Draht ab. »Sei froh, daß du einen solchen Vater hast!«

Karli war ebenfalls ein guter Vater. Er liebte seine drei Töchter innig und war Wachs in ihren Händen. Seiner Irma schrieb er ins Poesie-Album folgenden Vers, der mich damals sehr beeindruckte:

»Durch Zufall lernten wir uns kennen, bald müssen wir uns wieder trennen! Dies schrieb Dir Dein lieber Vater.«

Er war einer der ersten, der von unseren Leuten im Krieg fiel. Ich konnte es nicht begreifen, glaubte lange an einen Irrtum, bis eines Tages ein russischer Gefangener Karlis Platz in der Schmiede einnahm.

Vater und ich fuhren dann noch bis zur äußersten Grenze unseres Landes, wo die Weiden wuchsen, eine wildreiche Gegend. Hier wurden meistens die Jagden eröffnet. Und hier war es auch, wo ich ein Schrotkorn in den Allerwertesten bekam!

»Verdammter Bengel, scher dich aus dem Treiben!« hallte die herrische Stimme von Rudi von Veltheim aus Kloster Neundorf, einem passionierten Jäger wie mein Vater.

Der »verdammte Bengel« war ich, ein Treiber wie die anderen Dorfkinder, in Trainingshose mit Pudelmütze. Ich fühlte einen brennenden Schmerz, ließ den Hasen, den ich gerade an den Hinterläufen gepackt hatte, nicht los und rannte gebückt in die Reihe der Treiber zurück. Das Schrotkorn, das ich verschwieg, wurde erst zwanzig Jahre später entfernt, als es zu wandern begann und mir der Rücken weh tat.

Die Weiden waren nicht nur das Reich von Hasen und Rebhühnern, auch der Korbmacher mit seinem Kastenwagen und einer müden Mähre davor kam zwei oder dreimal im Jahr hierher und schnitt sich die passenden Ruten. Er machte daraus Kartoffel-, Hühner- und Eierkörbe für uns, seine Frau flocht aus dünnen Weiden die ovalen Mollen, in denen der Brotteig, bereits zu Laiben geformt, vor dem Backen aufgehen mußte.

Als es von der Schernikauer Kirche zwölf schlug, schwangen wir uns auf den Wagen. Jetzt nahm Vater die Leinen, und in kürzester Zeit legten wir die fünf Kilometer lange Strecke bis zum Hof zurück.

Vater sang mit lauter Stimme und furchtbar falsch: »Der Jäger aus Kurpfalz, der schmiert sich den Hintern mit Schweineschmalz« und später »Frosch und Spinne, Frosch und Spinne gingen in'n Wald«. Von mir, genauso falsch, begleitet. Hinter uns auf den Sitzen die Hunde, deren Ohren im Fahrtwind flatterten.

Pünktlich um halb eins saßen wir beim Mittagessen, blickten uns hin und wieder an wie Verschwörer und waren glücklich. Jedenfalls war ich es, aber ich glaube, er auch.

Ein ganz gewöhnlicher Vormittag auf dem Lande. Doch wie reich machte er mich.

Nach Schinne kam man über eine einzige schmale Teerstraße mit einem Sommerweg daneben für Fuhrwerke. Hinter dem Ort war die Welt dann so ziemlich zu Ende. Es gab nur holprige Feldwege, auf denen man zu den Nachbarorten fuhr.

Vom Kleinbahnhof führte ein Sandweg, die Kirschallee, direkt zu uns auf den Hof. Die Kirche aus Feldsteinen mit dem Friedhof, umgeben von einer mächtigen Feldsteinmauer, trennte uns vom Dorf. Drei hohe Tore, die abends verschlossen wurden, begrenzten den Gutshof. Das eine, mit einer Fußgängerpforte daneben, führte ins Dorf, das nächste zur Fasanerie und zum Kleinbahnhof, das dritte direkt in die Feldmark.

Fischbeck, der Nachtwächter, ein dürres Männchen mit Spitzbart und roter Nase, trat abends um zehn seinen Dienst an. Alle volle Stunde machte er mit Frisa, dem Wachhund, seine Runde, bediente die Stechuhren an den Toren und sah in den Ställen nach dem Rechten.

Zwischendurch putzte er körbeweise Schuhe, wobei er meistens die Farben der Cremes vertauschte, und versorgte die vielen Kachelöfen im Haus mit Brennmaterial, das er in Kohleschütten durch die Gänge trug. Ich habe noch heute seine Schritte im Ohr, die mich durch meine Träume begleitet haben, beruhigend, vertraut.

Fischbeck war ein ängstlicher Mensch. Jedesmal, wenn bei uns geklaut wurde, war er nicht zugegen! Selbst als der Verehrer eines Hausmädchens, vom

41

Hund als vermeintlicher Dieb gejagt, in panischer Angst über das hohe Tor floh und auf der andern Seite statt auf den Rasen in die trügerische Entengrütze vom Parkteich sprang, merkte Fischbeck davon nichts. Dabei ertrank der des Schwimmens Unkundige fast im brakigen Teich. Und mußte von Schmalz, der die Hilfeschreie bis in sein Bett hörte, mit einer Stange gerettet werden.

Am nächsten Morgen zog sich eine breite Gasse durch die grüne Grütze, die sich erst im Laufe des Tages wieder schloß. Wir Kinder standen und staunten, fischten eine blaue Schirmmütze aus der Brühe und sprachen lange über dieses dramatische Ereignis.

Warum Fischbeck trotz seiner Ängstlichkeit Nachtwächter war, wird mir ein ewiges Rätsel bleiben.

IN DER KIRCHE
KLAUT MAN NICHT

Zwischen Park und Hof lag das zum Ende des 18. Jahrhunderts erbaute Herrenhaus, dessen Architekt viel Geschmack und Kunstsinn bewiesen hatte. Es stand unter Denkmalschutz, was die Kommunisten nicht daran hinderte, es 1949 einfach abzureißen. Es erschien ihnen wohl zu herrschaftlich.

An der Hofseite befand sich die breite Freitreppe mit zwei geschwungenen Läufen und dem schmiedeeisernen Geländer. An der Parkseite lag die große steinerne Terrasse.

Der langgestreckte zweistöckige Putzbau hatte ein breites Satteldach. Die Fronten waren neunachsig. Über den Fenstern und Haustüren befanden sich plastische Stuckgirlanden und anderer Schmuck, die dem gelbgetünchten Haus schon äußerlich viel Wärme gaben.

Rund zwanzig Zimmer lagen unter seinem Dach, dazu

im Untergeschoß die vielen Wirtschaftsräume. Hier war auch die große Küche mit dem weißgekachelten Herd, der sechs Feuerstellen und an der Seite ein Wasserschaff hatte. Darum führte eine Messingstange, die jeden Sonnabend geputzt wurde.

Weiter die Grude mit den riesigen Wassertöpfen, in deren Glut Aschenwurst gebacken und »Kohl und Klump« zubereitet wurde, typisch altmärkische Gerichte. Der runde gußeiserne Plättofen, auf dem die schweren Eisen standen, der steinerne Ausguß mit dem blinkenden Messing-Wasserhahn, die blankgescheuerten Arbeitstische.

In der Küche war immer etwas los! Da wurde Geflügel gerupft, ausgenommen, über dem Herdfeuer gesengt. Brotteig gärte in einer Holzmolle, es köchelte eine Rinderbouillon stundenlang vor sich hin. Quark tropfte in einem Leinenbeutel ab, Dickmilch-Satten standen auf Regalen, um zu reifen. Und es duftete, es roch! Unvergessen und geheimnisvoll. Nie wieder habe ich solche vielfältigen Wohlgerüche in mich aufgenommen. Nie wieder eine Küche so gemütlich gefunden, so voller Leben.

Nebenan die Speisekammer mit den Brotlaiben in einem Holzgestell, Pflaumenmus in Steinguttöpfen, den Schmalzkruken, Holzschüben mit Zucker und Mehl.

Da stand die gläserne Korbflasche, in der sich Essig samt schwammiger Essigpflanze befanden, daneben das Faß mit dem Rapsöl, ein doppelstöckiges Eierbord. Die Haken mit Speck, Wurst und Schinken im Anschnitt. Ein Klotz mit einem Beil, auf dem Fleisch zerteilt wurde. Dann der lange Tisch, auf dem sonnabends die Blechkuchen aufgereiht waren. Mir läuft noch heute das Wasser im Munde zusammen!

Ebenfalls im Untergeschoß befanden sich Weinkeller, Milchkammer, Vorrats- und Kohlenkeller und der Aufzug, mit dem das Essen nach oben befördert wurde.

Doch am geheimnisvollsten war der unterirdische Gang, der angeblich von einem der Keller zur Kirche führte. Er war verschüttet, und Irma und ich versuchten, ihn wieder gangbar zu machen. Als wir verdreckt aus den Kohlen gekrochen kamen, schmiß Herta uns kurzerhand hinaus. Da faßten wir einen weit besseren Plan. In der Kirche würden wir den Gang schon finden! Und dann Hertas dummes Gesicht, wenn wir plötzlich aus der Erde auftauchten! Wir sahen uns schon als Helden, hofften Schätze zu entdecken, die dort vor raubenden Horden während des Dreißigjährigen Krieges versteckt worden waren.

Ich schlich nach oben, angelte den Schlüssel vom Brett, der uns die kleine verwitterte Tür in der Kirchhofsmauer öffnete. Ein zweiter erschloß uns ein Seitenportal der Kirche, das über eine Treppe zum Patronatsstuhl führte.

Als Kirchenpatron und Gutsherr, von dessen Vorfahren die bunten Glasfenster gestiftet waren, hatte mein Vater samt seiner Familie das Privileg, dem Gottesdienst in einer rechts neben dem Altar schwebenden, mit unserem Wappen geschmückten Loge beizuwohnen.

Hier sei eingefügt, daß mein Großvater, der ein eifriger Kirchgänger war, nichts mehr haßte, als wenn jemand »nicht zu Potte« kam, wie der herzensgute damalige Pastor Sauberzweig.

Mein Großvater also, ein großer stattlicher Mann, saß noch nicht richtig in seinem lederbezogenen Armsessel, als er auch schon seine goldene Taschenuhr aus der Weste zog und sie vor sich auf die Brüstung legte. Schweifte der arme Sauberzweig in seiner Predigt wieder einmal zu sehr ab, so daß er die Zeit zu überziehen drohte, räusperte sich der alte Herr, ergriff die Uhr und ließ sie, für die Gemeinde unter ihm nicht sichtbar, an ihrer schweren goldenen Kette kreisen, wobei er vorwurfsvoll zur Kanzel hinüberblickte.

Der Pastor geriet dann jedesmal in Panik. Er beendete seine Predigt ziemlich abrupt und entschwand nach unten. Befriedigt steckte Großvater die Uhr wieder ein.

Mein Vater setzte später diese Gewohnheit fort. Er, der bereits eine sportliche Armbanduhr trug, schlug allerdings einfach mit dem Fingernagel an das Glas, was aber nur zweimal vorgekommen sein soll.

Irma und ich hatten also die Empore erreicht, stiegen

pietätlos über die Brüstung und hangelten uns auf die geschnitzten Lehnen der darunterstehenden Stühle der Kirchenvorsteher. Dann standen wir mit Herzklopfen im Altarraum.

Irma verhakte plötzlich ihre Beine ineinander und flüsterte atemlos: »Ich muß mal!«

»Mensch, das hättest du doch auf dem Kirchhof erledigen können«, fauchte ich.

»Da mußte ich noch nicht. Aber jetzt ganz dringend!«

»Was machen wir denn bloß! Willste hier?« Ich deutete hinter die Bankreihen.

Sie schüttelte entschieden den Kopf: »Bist wohl doof!«

»Dann komm, steigen wir auf den Turm. Da machen die Tauben auch hin. Schaffst du's noch?«

Irma nickte: »Wenn ich in Gange bin, drängt's nicht so!«

Sie rannte los, ich hinterher. Heroisch unterdrückte ich den Wunsch, an dem neben der Treppe baumelnden Glockenseil zu ziehen. Die Küsterfrau, mit dem abendlichen Läuten betraut, wäre vielleicht auf uns aufmerksam geworden.

Oben angekommen, mußte ich erstmal verschnaufen. Irma verzog sich in eine dunkle Ecke hinter dem Uhrenkasten. Ich lehnte mich an die Fensternische und blickte hinaus. Unter mir auf dem Hof bemerkte ich Vater, er sah aus wie ein Zwerg, die Hunde um ihn herum wie Fliegen! Das breite Dach vom Gutshaus, die Bäume im Park, weit hinten die Feldscheune und, ganz verschwommen, Belkau, das Nachbardorf.

»Guck mal, Irma«, rief ich, »wie weit man sehen kann!«

»Schrei nicht so! Wenn uns jemand hört, kriegen wir den Arsch voll«, erklärte sie nüchtern.

Da schlug die Turmuhr fünfmal. Vor Schreck wären wir fast in die Tiefe gestürzt, denn unmittelbar neben uns hingen die drei Glocken, deren kleinste gerade mächtig angeschlagen hatte.

Ein Schwarm Tauben, der in der Sonne gedöst hatte, floh flügelschlagend über die Dächer.

»Mein Gott, habe ich mich verjagt«, stöhnte Irma und griff sich ans Herz. »Jetzt aber dalli, daß wir wieder runterkommen! Wir wollten doch nach dem Gang suchen«, fuhr sie fort. »Bald kommt nämlich Frau Klopp zum Blumengießen und Läuten!«

Ehe wir abstiegen, kreischte ich aus dem Fenster, das dem Dorf zugewandt war, mit verstellter hoher Stimme: »Alwin, de Dübel kümmp un hoalt dei!«

Alwin, zwei Jahre älter, der uns gern ohne Grund verdrosch, zuckte unten auf der Straße erschrocken zusammen. Dann blickte er scheel zum Kirchturm empor, doch Irma riß mich bereits weiter: »Der Döskopp holt den Küster«, warnte sie.

Wieder im Kirchenschiff angekommen, schlichen wir uns mit gemischten Gefühlen in die Sakristei, suchten dort jeden Winkel ab. Keine Tür, keine Bodenplatte, die sich anheben ließ, nichts! Doch da, eine schmale Luke hinter einem Vorhang verborgen, an der Rückseite des Altars. Das konnte nur der gesuchte Einstieg in den unterirdischen Gang sein! Triumphierend blickten wir uns an.

»O Gott«, murmelte Irma und zitterte vor Aufregung. »Ich muß schon wieder!«

»Strull in die Hosen, viel kann's sowieso nicht sein«, raunzte ich empört. Langsam fiel es mir auf den Wekker, daß Irmas Blase sie ausgerechnet in spannenden Momenten im Stich ließ.

Ich öffnete vorsichtig die knarrende Tür. Es führte tatsächlich eine schmale Treppe ein paar Stufen in die Tiefe. Unten nichts, noch nicht einmal ein Lichtschalter. Ein winziger Raum, wie wir im spärlich einfallenden Licht erkennen konnten.

»Sie haben den Gang von dieser Seite ebenfalls zugemauert«, rief ich enttäuscht. »Von hier aus ging er los, darauf kannst du Gift nehmen!«

Irma nickte und langte hinter die Treppenstufen. »Der Abendmahlswein«, sagte sie andächtig und hielt eine Flasche in der Hand. »Letzten Sonntag wurde er ausgeschenkt, Mama hat einen Schluck bekommen. Bannig süß war er, hat sie gesagt.«

Ich griff nach der kaum angebrochenen Flasche: »Zeig mal her! Ich finde, wir sollten ihn wenigstens kosten!«

49

Abwehrend hob sie die Hände. »Nee, in der Kirche klaut man nicht! Dann kommen wir nicht in den Himmel!«

Das war ein Argument! Ich sann nach einem Ausweg.

Irma setzte sich auf die Treppe. Ihre Hände tasteten erneut nach hinten. »Da stehen noch mehr Flaschen«, bemerkte sie. »Und ein Karton!«

Sie zog ihn hervor. Runde, papierene Scheiben, wie ich sie von der Weihnachtsbäckerei kannte, lagen darin.

»Mensch, das sind ja Oblaten!«

Ich setzte mich neben Irma. »Wir spielen jetzt Abendmahl«, bestimmte ich, »damit wir endlich mal wissen, wie das geht!«

Irmas Widerstand schmolz, als sie Wein und Oblaten probiert hatte.

»Schmeckt komisch!« verkündete sie und rülpste verhalten.

Ich nickte und rülpste ebenfalls. »Sehr komisch!«

Wir leerten die Flasche, indem wir abwechselnd einen Schluck nahmen und uns eine Oblate in den Mund schoben. Dazu sangen wir »Lobet den Herrn« und kamen uns großartig und sehr fromm vor.

Irma merkte es zuerst. »Ich will hier weg!« verlangte sie. »Mir ist gar nicht gut!« Sie erhob sich unsicher, fiel aber gleich wieder auf die Stufe zurück.

»Du bist besoffen«, stellte ich kichernd fest, stand auf,

packte sie am Arm: »Komm jetzt, wir müssen hier schnellstens verduften!«

Da merkte auch ich, daß sich bei mir alles drehte.

»Bloß weg hier!«

Wir schafften es genau bis vor den Altar!

Da rasselte ein Schlüsselbund, die Kirchentür wurde langsam geöffnet.

Frau Klopp, groß und stattlich, einen Blumenstrauß im Arm, stand auf der Schwelle, blinzelte ins Halbdunkel der Kirche, sah uns, glaubte es aber nicht.

Sie starrte uns an wie zwei himmlische Wesen, als wir Arm in Arm, leicht schwankend, dümmlich grinsend, ohne ein Wort, durch den Mittelgang auf sie zugeschaukelt kamen, an ihr vorbei, die, noch immer sprachlos eilig beiseitetrat, ins grelle Sonnenlicht taumelten, eine die andere stützend.

Erst jetzt kam Leben in sie. »Großer Gott«, rief sie entsetzt, »habe ich euch etwa gestern nach dem Läuten eingesperrt?«

Anscheinend hielt sie unser schweigendes Torkeln für ein Zeichen von Entkräftung. Wir liefen einfach weiter, ohne sie einer Antwort zu würdigen.

Die Sache hatte noch ein kleines Nachspiel, denn natürlich kam unsere Schandtat ans Licht.

Vater lachte schallend und stiftete dem Pastor eine Flasche von seinem besten Wein. Mutter sagte kopfschüttelnd wie immer bei solchen Gelegenheiten:

»Was soll aus diesem Kind bloß werden?«

Und Irma bekam von ihrer Mama, wie sie befürchtet und angekündigt hatte, »den Arsch voll«! Sonst traten keine Schäden bei uns auf.

EINE RAUSCHENDE BALLNACHT

Zurück ins Gutshaus! Eine Treppe höher, im ersten Stock, war nicht viel los! Da lag das große Eßzimmer mit den rustikalen Möbeln, dem dunkelgebeizten Wagenrad als Lampe, den binsengeflochtenen Stühlen.

»Dat Schapp süht ja ut wie en Sarg!« hatte das Hausmädchen über den Geschirrschrank befunden, und damit hatte sie nicht unrecht. Gegenüber der Kamin, in dem abends meist ein Feuer brannte, vor dem die Hunde sich wärmten.

Außerdem befanden sich das Herrenzimmer, das Büro, Muttis blauer Salon, die Schneiderstube und ein paar Fremdenzimmer auf der Etage, die bald Vaters Schwester bezog. Nicht zu vergessen die Anrichte, ein Raum, in dem sich der Aufzug befand und das Telefon mit der Nummer eins stand und wo Erni die Gläser und silbernen Bestecke abwusch, die nicht in die Küche abgeseilt wurden. Später stand dort auch ein elektrischer Kühlschrank, in dem jeder sein zugeteiltes Buttertöpfchen aufbewahrte, als im Krieg die Marken eingeführt wurden.

Eine Treppe höher waren dann die vielen Schlafzimmer und der Saal mit der Flügeltür, der nur zwei- oder dreimal im Jahr benutzt wurde, zu großen Festen und zu Weihnachten.

Ich erinnere mich deutlich an das letzte Fest, das hier im Frühling 1942 gefeiert wurde. Es war die Taufe meines so herbeigesehnten Bruders, Hans-Hennig, und die Konfirmation meiner Schwester Ute. Beide Ereignisse wurden kurzerhand zusammengelegt! Vierzig Gäste waren geladen, es wurde eine rauschende Ballnacht! Die Herren, meist auf Urlaub von der Front, ordengeschmückt, in ihren weißen Extrauniformen, Ranghöchster Onkel Fritz, als Fliegergeneral! Die Damen in langen Abendkleidern und glitzerndem Schmuck.

Ich hatte zum erstenmal einen Tischherrn! Es war Claus von Rundstedt, Gutsnachbar und Jugendliebe von mir. Claus war drei Jahre älter als ich und schon fünfzehn. Zusammen mit meinem Vetter Christian machte er sich nach Tisch über die Neigen in den Gläsern her. Ehe er zu Boden ging, versuchte Claus mich zu küssen. Ich fand das äußerst befremdlich und stieß ihn weg.

Später wurden die beiden schnarchend unter einem Tisch entdeckt. Mein Vater amüsierte sich königlich.

Er tröstete die bestürzten Mütter: Nur so würden echte Kerle aus ihnen.

Und dann gab es auf der Etage noch das Schulzimmer, denn meine älteren Schwestern und zeitweilig zwei Cousinen bekamen über mehrere Jahre Hausunterricht. Das änderte sich erst, als ich die Grundschule verließ und die Großen in diversen Internaten oder Frauenschulen untergebracht wurden.

Im Laufe von sechs Jahren lebten bei uns vier Hauslehrerinnen und ein Hauslehrer, der ein Greis war und Knoblauchperlen aß.

Die Lehrkräfte blieben nie lange, weil sie sich zu Tode langweilten. Sie kamen aus der Stadt, sie wollten bei uns etwas erleben. Aber kein Mensch interessierte sich für sie. Am wenigsten meine Eltern. Sie betrachteten diese bedauernswerten Geschöpfe als notwendiges Übel, was sie wohl auch waren. Sie saßen zwischen zwei Stühlen. Die »Herrschaft« kümmerte sich nicht um sie. Dem Personal gegenüber fühlten wiederum sie sich überlegen. So blieben sie Einzelgänger und zogen – zu unserer Freude – bald wieder fort.

Eine, Marga Schierenberg, freundete sich aus Verzweiflung mit der Mamsell an, einer Nachfolgerin von Herta. Sie gingen zusammen zum Dorftanz. Marga kehrte mit einem blauen Auge zurück!

Die Meinungen darüber, wie dieses »Veilchen« entstanden war, gingen auseinander. Marga behauptete, sie sei beim Heimkommen versehentlich gegen das verschlossene Hoftor gelaufen. Mamsell aber verbreitete eine andere Version.

Otto Nagel, schönster und reichster Bauernsohn, hatte mit der schwarzen Marga poussiert, war auch mal mit ihr nach draußen verschwunden, wie das so zugeht auf dörflichen Festen.

Jedenfalls schien die entwöhnte Lehrerin Feuer gefangen zu haben und wollte beim Tanzen fortsetzen, was ihr draußen so gut gefallen hatte. Das wiederum wurde dem Bauern zuviel.

»Diese Städterinnen! Ohne jede Moral!« tönte er später.

Er war nicht mehr nüchtern, sie war es auch nicht. Kurz und gut: »Hoasenschlitz blifft to!« röhrte er und entfernte ihre schlanke Hand von demselben.

Marga jedoch ließ nicht locker und bekam ohne viel Federlesens seine Faust zu spüren.

Ihr »Veilchen« blühte lange und in sämtlichen Schattierungen. Otto Nagel aber war eine Zeitlang König! Er hatte die Moral des Dorfes hochgehalten, hatte für Sitte und Anstand gesorgt.

Von Stund' an gab es ein geflügeltes Wort in Schinne, das schmunzelnd zum besten gegeben wurde, wenn zwei Verliebte Hand in Hand durchs Dorf zogen: »Hoasenschlitz blifft to!«

Brigitte Jahn, Margas Nachfolgerin, war blond und rassig und die schönste unserer Lehrerinnen. Sie hatte es bald auf Vater abgesehen, legte sich ihm im Park nur knapp bekleidet im Liegestuhl in den Weg, markierte schließlich eine Ohnmacht, damit er sie in ihr Bett tragen sollte, und reiste empört ab, als er trotzdem kein rechtes Interesse zeigte. Schließlich hatte sie auch seinen Vorgänger, einen flotten Baron, verführt, wie sie sich in der Küche stolz brüstete.

Das ältliche Fräulein Vollmer kaufte sich ein Fahrrad und klapperte sämtliche Sehenswürdigkeiten in naher und ferner Umgebung ab, einschließlich der Nachbargüter, wo sie sich zum Tee einlud. Als alles abgegrast war, verschwand auch sie.

Erika Webel war dicklich, picklig, sommersprossig und eine Frohnatur! Die Schönheit drückte sie wahrhaftig nicht. Dafür hatte sie als einzige der Damen einen Verlobten aufzuweisen. Gesehen haben wir ihn zwar nie, aber sie schwärmte in den höchsten Tönen von seinen Muskeln und weiteren Qualitäten und bekam jede Woche einen Liebesbrief.

Brigitte brachte auf, er sei Henker von Beruf!

Fräulein Webel wüßte das nur nicht, die Ärmste! Ich wurde ausersehen, sie darüber aufzuklären, was ich aber rundweg ablehnte!

Auch Kutscher Kurths ist mir in deutlicher Erinnerung. Ein großer, stattlicher, äußerst würdevoller Mann. Samstags saß er immer in der Sattelkammer und polierte das Geschirr der Kutschpferde, bis es glänzte. Er hatte als junger Mann bei den Kürassieren gedient, und meine Schwester Brigitte und ich bekamen bei ihm Reitstunden.

Ich fand das allerdings etwas unbefriedigend, denn er beachtete und korrigierte immer nur Brigitte und musterte mich lediglich mißbilligend. Ob das daran lag, daß sie richtige Reithosen trug und bereits sechzehn war, während ich mich als Zehnjährige mit Trainingshosen auf dem bockenden Gaul abplagte?

Jedenfalls mochte ich ihn lieber, wenn er bei festlichen Anlässen in seine goldbeknöpfte dunkelblaue Livrée schlüpfte, weiße Handschuhe überstreifte und bei uns den Diener spielte. Das hatte er irgendwo gelernt.

Wir Kinder durften, sauber und gesittet, die Gäste begrüßen, aßen dann aber in Muttis Salon, der, wie das Eßzimmer, ebenfalls von der Anrichte her zu erreichen war.

Kurths reservierte uns immer große Mengen von der leckeren Nachspeise, die mit in Rum getränkten Makronen garniert war. Auch sah er geflissentlich daran vorbei, wenn wir die Neigen aus den abgeräumten Gläsern süffelten, wobei ich Sekt vorzog, was allerdings manchmal fatale Folgen hatte.

Ich weiß, daß ich mich einmal, total wirr im Kopf, auf mein neues Fahrrad schwang und den Weg zur Fasanerie hinaufjagte. Plötzlich fand ich mich im Beekgraben wieder, in den ich kopfüber gestürzt war.

Elsbeth, die gerade die Hühnerställe abschloß, fischte

mich und das verbogene Fahrrad heraus. Triefend, aber inzwischen nüchtern, trottete ich heim.

Meine Schwester Ute, die es zwar noch bis in ihr Bett geschafft hatte, röhrte wie ein Hirsch durch das ganze Haus: »Ich will noch eine Bohnenstange! Ich will noch eine Bohnenstange!«

Sie ließ sich erst beruhigen, als Kurths ihr auf einem silbernen Tablett eine Käsestange zelebrierte.

Ute war es übrigens auch, die sich zum zehnten Geburtstag ein Pfund Schweizer Käse – genannt Löcherkäse – wünschte, den sie auch bekam. Und allein aufaß!

Das meiste Unheil richtete jedoch Elisabeth Rundstedt an, Tochter unserer Gutsnachbarn aus Schönfeld.

Sie ließ nämlich in einem unbeobachteten Moment den Speiseaufzug abstürzen, wodurch sich der Abwasch an diesem denkwürdigen Abend erübrigte. Denn unten in der Küche kamen nur Scherben und Glassplitter an!

Ihre Mama, Tante Wanda, bekam fast einen Ohnmachtsanfall. Vater, der auch diesmal seinen Humor behielt, versuchte sie zu trösten: »Beruhige dich doch, liebe Wanda! Deine Tochter ist ein Mädchen der Tat! Du solltest stolz auf sie sein! Und da wir noch gar nicht beim Mokka angelangt waren, sind sogar die guten Meißner Täßchen heile geblieben!«

Meine Schwester Frauke, schon siebzehn, durfte nach

dem Diner im Wohnzimmer den Mokka einschenken und mit den Damen parlieren. Ihr wurde das bald zu langweilig, und sie verabschiedete sich zu Muttis Entsetzen von der Gräfin Bassewitz mit folgenden Worten:

»Von den süßen Keksen wird mir ja ganz kotzig! Da gehe ich lieber in die Küche und schmiere mir 'ne Stulle von die Kerls ihrem Fett!«

Womit sie Griebenschmalz meinte, das für »die Kerls«, nämlich junge Arbeitsdienstleute, bestimmt war, die wir als Erntehelfer hatten.

Als sie sich bald nach diesem Faux pas auch noch in den jungen, gutaussehenden Verwalter verliebte, und er sich in sie, wurden beide kurzerhand entfernt.

Der arme Kerl flog raus, und Frauke kam in ein Stift nach Dresden, ich glaube, es hieß Ilsenhof, wo ihr Benehmen beigebracht werden sollte.

Meine älteste Schwester Ursula war sowieso die bravste und trotzdem am allerschlechtesten dran! Denn an ihr versuchten die Eltern am meisten herumzuerziehen. Von Tochter zu Tochter erlahmte dann der Eifer, und die Zügel wurden lockerer gehalten. Ich spürte sie dann oft gar nicht mehr!

Ursel bekam bereits im zarten Alter von sechs Jahren Hausunterricht! Barbarisch! Erst zwei Jahre später durfte sie endlich die Volksschule besuchen und fand natürlich keine echte Dorffreundin mehr wie wir anderen Geschwister.

Sie war ohnehin nicht für wilde Spiele, Baggermatsch und Radau. Sie saß lieber irgendwo im Park, auf einem Ast versteckt, und las ein Buch nach dem anderen.

Wenn ich sie aufstöberte, seufzte sie zwar, aber sie hat mich nie verhauen oder weggejagt wie Ute und Brigitte. Von ihr habe ich wundersame Märchen erzählt bekommen wie das vom »Fischer und sine Fru«, die schließlich wieder in ihrem Pißpott landeten, was mich stets aufs neue faszinierte. Auch »Zwerg Nase« wußte sie gekonnt zum besten zu geben. Dabei habe ich allerdings meist geheult. Trotzdem wollte ich die Geschichte immer wieder hören. Merkwürdig!

Ursel kam Anfang des Krieges in ein Internat nach Potsdam. Sie war – trotz Tanzstunden und Theaterbesuchen – ziemlich ungern da, mußte aber drei lange Jahre ausharren, bis sie ihr Puddingabitur in der Tasche hatte.

Überhaupt wurden meine Schwestern zusehends erwachsener und verkrümelten sich zeitweilig in alle möglichen Institutionen, was ich insofern begrüßte, als ich endlich ein eigenes Zimmer bekam. Außerdem hatten sich ja inzwischen zwei weitere Geschwister zu uns gesellt, was ich noch eingehend würdigen werde, die mir stundenweise sogar Spaß machten.

Für meine kleine Schwester Dorothea, die ein Temperamentsbolzen war, wurde bald »Tata« eingestellt, ein älteres Kinderfräulein, das mit ihr im Bollerwagen durch die Gegend zog. Später nahm sie auch meinen Bruder Hans-Hennig unter ihre Fittiche.

Ich pflegte das Gefährt hin und wieder zu entführen und raste damit in irgendein Versteck, was die Gören natürlich herrlich fanden. Tata irrte angstvoll suchend im Park herum und beschwerte sich bitter bei Vater, der mir dann augenzwinkernd die Leviten las.

Tata strickte wie am Fließband: Jacken, Pullover, Gamaschenhosen, Schlüpfer, Westen, Mützen, Schals, Handschuhe! Binnen kurzem sahen wir allesamt wie unsere eigenen Schafe aus: nämlich grau!

Wir hatten zwei Schafherden, die einmal jährlich geschoren wurden. Die Schafscherer waren wilde Gesellen mit derben Witzen und rohen Flüchen. Mutti verbot mir, in den Stall zu gehen, wenn sie uns heimsuchten. Ich tat's natürlich doch, verkroch mich hinter einer Raufe und beobachtete sie fasziniert.

In Windeseile befreiten sie die angstvoll mähenden Schafe von ihrer dichten Wolle. Sie sahen dann plötzlich schneeweiß und nur noch halb so dick aus. War ein Tier verletzt, was häufig vorkam, wurde die Wunde vom Schäfer mit Alaunstein behandelt.

Die Wolle kam in Säcke und wurde abtransportiert. Aber wir erhielten später einen Teil davon zurück, gesponnen und in verschlungene Zöpfe gedreht.

NUR EINE HALBE KRUMME SOCKE

Seltsam, daß keine meiner Schwestern jemals stricken lernte. Auch Mutti verstand sich nicht darauf. Und ich brachte in der Schule, wo Stricken im Krieg Pflichtfach war, nur eine halbe krumme Socke zustande, worauf ich in Nadelarbeit eine glatte Fünf bekam! Was mich jedoch nicht kratzte!

Auch beim Zucker waren wir Selbstversorger! Jedes Jahr nach der Rübenernte wurden ein paar Zentner angeliefert! Da gab es im Saal die verschlossene Zuckerkiste, zu der nur Mutter und Mamsell Zugang hatten. Aber wir schafften es doch immer wieder, uns den Schlüssel zu stibitzen.

Bei Frauke und Ursel, die über einen kleinen Kochtopf verfügten, wurden dann auf dem Kanonenofen in ihrem Zimmer heimlich die beliebten Sahnebonbons gekocht. Zum Auskühlen und Zerschneiden kam die Masse praktischerweise auf die Marmorplatte vom Nachttisch. Einmal machte es »Peng!«, und die Platte riß mittendurch, was gottlob nie herauskam. Wozu sind schließlich Nachttischdeckchen da!

Wenn meine Freundin Lore aus Bismark zu Besuch war, die als Städterin bereits darben mußte, organisierten wir auch Eier aus dem Hühnerstall und machten uns süßes Schlagei, das, mit Braunbier aufgegossen, köstlich schmeckte. Das Bier gab es lose bei Rehbergs. Wir kauften es in einer Kaffeekanne, damit es nicht so auffiel, und versteckten alle »Zutaten« unter unseren Betten, bis die Luft rein war und wir in Ruhe hantieren konnten. Manchmal erst mitten in der Nacht!

Im Winter waren Bratäpfel beliebt, die wiederum in unserem Zimmer besser »gediehen«, da dort ein riesiger Kachelofen stand, der mit einer Ofenröhre bestückt war.

Darin verkohlte eines Tages mein bestes Nachthemd, das eigentlich nur lauschig angewärmt werden sollte. Das ganze Haus stank gottserbärmlich, und alle schwärmten aus, um die Quelle des Übels auszumachen. Ich war wieder mal die Angekohlte!

Aber Ute, die sich am meisten mokiert hatte, bekam noch am selben Tag ihren gehörigen Anschnauzer von Vater, was ich schadenfroh zur Kenntnis nahm. Sie hockte nämlich in der Sitzbadewanne, einem Zinkungetüm, und kreischte plötzlich wie angestochen: »Ein großes Unglück ist passiert!«

Vater, der diesmal im Geiste bereits helle Flammen

aus dem Kinderzimmer schießen sah, stürzte auf den Flur: »Was ist los?«

»Der Floh ist aus dem Bett marschiert!« tönte es begeistert aus ihrem Munde.

Na, da war aber Sturm angesagt! Es hätte nicht viel gefehlt, und Vater wäre in seinem Zorn so weit gegangen, sie mitsamt der Wanne aus dem Fenster zu kippen. Dazu war er durchaus fähig! Mutti mußte schlichten. Und beim Gute-Nacht-Kuß konnte er schon wieder grinsen: »Wo hattest du denn den Unfug her?«

»Von Auti!« erklärte Ute stolz.

»Das hätte ich mir ja denken können«, nickte Vater.

Wir liebten Auti, den einfältigen Arbeitersohn, weil er so eine unbekümmerte Frohnatur war. Er saß in der Schule mit Ute auf einer Bank, obwohl er drei oder sogar vier Jahre älter war als sie, hatte in seinem Griffelkasten Stücke von zerbissenen bunten Bonbons gehortet, von denen er ihr großzügig anbot.

Einmal rutschte er beim Herumturnen in der Feldscheune unbemerkt in einen großen Berg Kaff (geheckseltes Stroh). Er war schon blau angelaufen, als wir ihn schließlich entdeckten und herauszogen. Mutti geriet außer sich, als sie davon hörte. Wie gut, daß sie meistens nichts von unseren oft gefährlichen Unternehmungen erfuhr.

»Kinder haben einen Schutzengel!« pflegte Vater immer tröstend zu sagen. »Sonst würde speziell die Landbevölkerung längst ausgestorben sein!«

Auti hatte später keinen Schutzengel mehr, als er, trotz seines schwachen Geistes, eingezogen wurde. Er fiel sehr bald. Der friedliche Auti war nämlich auf Feinde nicht eingestellt.

Zu den meisten unserer Leute hatte ich ein geradezu inniges Verhältnis, wie auch zu August Steinberg, dem untersetzten alten Mann.

Sein Reich war die Reinigung, wo das ausgedroschene Korn maschinell von Spelzen und anderen Rückständen befreit wurde. Der Inhalt der Säcke kam oben in eine Art Trichter. Das Getreide passierte dann Siebe, Walzen und Gebläse, bis es schließlich unten wieder herausrieselte und erneut in Säcken aufgefangen wurde.

Ich hielt mich gern in der Reinigung auf, ließ mir von Steinberg alles genau erklären, durfte von seiner Vesperstulle abbeißen und bekam hin und wieder mit dem Taschenmesser ein Stückchen Priem abgeschnitten, den er in einer bunten Blechschachtel bei sich trug. Hingerissen war ich nicht von dem braunen, scharfen Zeug, aber ich überwand meine Skrupel, um ihn nicht zu verletzen.

Steinberg war ziemlich wortkarg, aber was er sagte, klang humorig und hatte Sinn. Heute würde ich ihn als weise bezeichnen.

Eines Sonntags im Herbst bekam er nachts einen Schlaganfall. Er lag stumm und hilflos in seinem Bett, als ich ihn besuchte. Für mich war es ein Schock, weil nur seine plötzlich übergroßen Augen sprachen, die mich voller Unruhe und Trauer ansahen.

Die Woche darauf war er abends verschwunden. Seine bereits erwähnte Frau war nur kurz beim Kaufmann gewesen.

Rasch wurden ein paar Leute mobil gemacht, um ihn, mit Laternen ausgerüstet, zu suchen.

Sie fanden ihn schließlich barfuß im Nachthemd. Er lag an der hintersten Tür zur Reinigung und war bei vollem Bewußtsein.

Es war dem Arzt ein Rätsel, wie er den langen Weg zum Hof geschafft hatte, wo er doch halbseitig gelähmt gewesen war. Retten konnte er ihn nicht mehr. Steinberg starb zwei Tage später.

An seiner Beerdigung durfte ich teilnehmen, ein ungemein eindrucksvolles Erlebnis, weil Steinberg katholisch gewesen war!

Der Priester und zwei Meßdiener in weißen Gewändern, die mit Weihrauchgefäßen wedelten, die Gesänge, der Geruch, einzigartig und völlig neu für mich.

Uns alle berührte tief, daß seine Treue ihn im Angesicht des Todes noch einmal auf den Hof an den Ort seines Schaffens geführt hatte.

»Steinberg war ein wirklicher Herr«, sagte Vater damals, »was man von Männern, die ihres Standes wegen so genannt werden, oft nicht behaupten kann!«

Schoreck liebten wir Kinder ebenfalls sehr. Er konnte

weder lesen noch schreiben und war kaum größer als ein Liliputaner. Er war gebürtiger Pole, eine Frohnatur, und er trank sonntags gern mal einen über den Durst.

Wenn er dann nachmittags kam, um das Jungvieh zu füttern, landete er oft mitsamt seiner Kiepe voller Rübenblatt bei den Tieren im Trog und schlief da erstmal seinen Rausch aus. Wir haben ihn wiederholt dort gefunden und mit vereinten Kräften herausgezerrt.

Manchmal tauchte auch seine ebenso kleine, ebenso trinkfeste Frau auf, um nach ihm Ausschau zu halten. Sie sprachen dann nur polnisch, und er bekam gehörig die Leviten gelesen. Mit ihr konnte er beim Erntefest wunderbar Polka tanzen.

Zum Frühstück und Vesper erschien Schoreck immer bei Dörlitz, dem Stellmacher, in der Werkstatt. Da setzte er sich dann gemütlich auf einen Hauklotz und aß seine Stullen, die in Zeitungspapier eingewickelt waren. Anschließend strich er das Blatt glatt und tat, als wenn er es eifrig studierte.

»Schon wieder eine Auto umgekippt!« rief er einmal aufgeregt, als ich mich dort aufhielt.

Er hielt die Zeitung verkehrt herum, in der das neueste Modell der damals bekannten Firma Horch abgebildet war!

Haben Dörlitz und die anderen Anwesenden da gelacht!

Beleidigt war Schoreck trotzdem nicht. Er lachte bei solchen Gelegenheiten einfach mit. Ein lebensfrohes Lachen, das voller Liebe war.

Dörlitz war bestimmt doppelt so lang wie Schoreck! Er trug eine Nickelbrille, ging etwas krumm und war sehr dünn. In seiner Stellmacherei war immer etwas los. Da wurden Stiele gedrechselt und neu eingepaßt, Hacken am Schleifstein geschliffen, den ich drehen durfte, Gurken- und Sauerkrautfässer repariert, Bretter gehobelt, Ackerwagen ausgebessert und vieles mehr.

Und wenn Bibo, unsere Terrierhündin, Junge bekommen hatte, trugen wir die kleinen Welpen zum Schwänze kupieren zu ihm! Ein gezielter Beilschlag auf den Hauklotz, und die kleine Schwanzspitze flog in die Ecke. Die fiependen Kleinen wurden rasch wieder zurück zur Mutter gebracht, die sie und die Wunden liebevoll ableckte. Es hat sich nie ein Stert entzündet, trotz der mangelnden Hygiene. Nur unterschiedlich kurz wurden sie bei dieser Prozedur, aber das kümmerte die Abnehmer später nicht.

Dörlitz verließ sein Reich nur bei zwei Gelegenheiten! Einmal, wenn bei uns geschlachtet wurde. Denn beim Wurstmachen durfte er einfach nicht fehlen.

Und im Sommer beim Einfahren war er auch immer mit dabei und stakte die Garben auf die Wagen, auf denen zwei Frauen – eine war seine Angetraute – thronten und sie kunstvoll hochaufschichteten.

Einmal haben wir Kinder Dörlitz aber doch außer der

Reihe aus seiner Werkstatt locken können. Als nämlich die Eltern zur Kur in Bad Wildungen weilten und sämtliche Hunde (außer dem großen Jagdhund) in Borstells Grab gefallen waren!

Hinten im Park hatten wir nicht nur unsere Familiengrabstätte, sondern, etwas verwildert, aber pompös, auch die der Vorbesitzer von Schinne, einer Familie von Borstell.

Als die Teckel ein Kaninchen im Park verfolgten, rettete sich dieses durch einen Sprung in eine der Gruften, die von Karnickellöchern durchsiebt waren.

Die beiden Teckel, gefolgt von dem Terrier, rasten hinterher und landeten zu dritt in dem düsteren Gefängnis, wo wir sie – trotz stundenlanger Versuche – nicht wieder herausbekamen.

Dörlitz mußte ran! Er kam mit Spaten und Stangen und konnte nichts ausrichten, denn die winselnden Köter hockten zu tief in der Erde.

Schließlich vergrößerte er das Karnickelloch und zwängte sich vorsichtig selbst in die Gruft, verschwand ächzend und rumorte fluchend, für uns unsichtbar, darin herum.

Dann, nach endlosen, bangen Minuten, erschien etwas Helles in der dunklen Öffnung. Wir streckten alle gleichzeitig die Arme aus, wollten ihm den vermeintlichen Terrier abnehmen. Aber es war der Totenschädel vom ollen Borstell, den er uns entgegenhielt!

Kreischend wichen wir zurück. Aus der Erde erscholl

berstendes Gelächter! Dann kamen schließlich die Hunde, dreckig aber unbeschadet, herausgekrochen, zuletzt Dörlitz, der sich noch wochenlang über unser Grausen amüsierte.

LIEBESBRIEFE ALS KLOPAPIER

Meine Schwester Brigitte wurde von den Eltern als Kind nur die »Wunderblume« genannt, weil sie sich von Anfang an höchst sonderbar verhielt. Als Baby muß sie einem behaarten Äffchen verblüffend ähnlich gesehen haben, denn Mutti genierte sich, sie der Verwandtschaft vorzuführen. Vater erzählte immer, es hätte ihn jedesmal aufs neue verwundert, sie brav schlafend in ihrer Wiege und nicht auf der Gardinenstange turnend vorzufinden.

Als sie kaum marschieren konnte, richtete sie ein »Wiederbelebungszentrum« für Fliegen und andere Insekten ein! Und zwar sammelte sie die der Flittspritze zum Opfer gefallenen Viecher sorgsam in Zigarrenkisten von den Fensterbrettern ein, trug sie im Park ins Gartenhäuschen und versuchte stundenlang, sie durch Anhauchen, Baden und Aufrichten wieder auf die Beine beziehungsweise Flügel zu bekommen. Ihre Erfolgsquote soll recht hoch gewesen sein.

Sie war ein rechter Wutbock, und selbst Vater, vor dem alle kuschten, auch ich gelegentlich, hatte seine Not mit ihr. »Gitte tut es aber doch!« war ihre ständige Rede, wobei sie wütend mit dem Fuß aufstampfte.

Ute und ich hatten auch ganz schön unter ihr zu leiden, andererseits gefielen uns ihre ausgefallenen Spiele.

Da war zum Beispiel »Maria Pot«, das sie erfunden hatte und das monatelang zum täglichen Ritual für uns gehörte.

In dem Schlafzimmer, das wir drei teilten, hing ein riesiges Bild über der Kommode, auf dem Maria dargestellt war, die das Jesuskind auf dem Schoß hielt.

Ein mit Sandale bestückter Fuß von Maria lugte unter ihren Gewändern hervor. Wer morgens als erste aufwachte, sprang aus dem Bett, raste auf das Bild zu, tippte auf den entblößten Fuß und kreischte: »Marias Pot!« Dann zurück ins Bett, wo nun der »Lirasitz« angesagt war, ebenfalls von Brigitte erdacht. Eine äußerst anstrengende, unbequeme Stellung, ein Mittelding zwischen Sitzen und Liegen, in der wir ausharren mußten, bis sie uns erlöste.

Brigitte, das Affenkind, wurde später die hübscheste von uns. Schon früh drehten sich die Männer nach ihr um, doch sie bemerkte oder begriff es nicht, so sehr war sie in ihrer eigenen Welt versponnen.

Die Hauslehrerinnen, besonders den alten Hauslehrer, brachte sie damit zur Weißglut, denn sie schaltete in den Schulstunden einfach ab. Deswegen warf ihr der olle Knopp auch einmal wütend den »Echter-meyer« an den Kopf, einen dicken Gedichtband, was sie jedoch auch nicht aus ihrer Verträumtheit lockte.

Als sich später ein junger Leutnant für sie interessierte, ein Kriegsberichterstatter, der ihr glühende Briefe und Päckchen aus dem Felde schickte, schämte sie sich fürchterlich und wußte mit dem »Schwachsinn«, wie sie es nannte, nichts anzufangen.

Als er dann auch noch seinen Urlaub bei uns verlebte, war sie ständig auf der Flucht vor dem armen Kerl, der mir tief bekümmert sein Leid klagte.

Ich mochte Hans-Jürgen, so hieß er, sehr gerne. Er brachte mir nämlich die ersten Jiu-Jitsu-Griffe bei, die ich mit Erfolg bei den Dorfbengels anwandte, was mir großen Respekt verschaffte. Denn Vaters Ratschlag, jeden Angreifer sofort »mit der Spitzhacke zwischen die Augenbrauen zu schlagen«, wagte ich denn doch nicht anzuwenden, zumal ich in entscheidenden Augenblicken nie eine Spitzhacke dabei hatte.

Jedenfalls kam ich schließlich auf die glorreiche Idee, Hans-Jürgen mit meiner Schwester Frauke zu verkuppeln, die gerade aus ihrem vornehmen Dresdener Stift zurückgekehrt war.

Sie benahm sich wesentlich zugänglicher, zumal ihre Internatsschwestern fast alle einen Freund oder sogar Verlobten an der Front hatten.

So wechselte Hans-Jürgen also von Brigitte zu Frauke über, die zwar mit seinen dichterischen Ergüssen auch nicht sehr viel anfangen konnte, aber immerhin hatte sie jetzt einen festen Freund im Felde!

Sein Foto mit der schicken Uniformmütze stand auf ihrem Nachttisch, seine Schildkröten, die er aus Saloniki schickte, krochen im Park herum. Eine Barbarei, wie mir erst viel später klar wurde.

Mit Luftlöchern versehene Päckchen kamen an, in denen jeweils eine verängstigte kleine Schildkröte hockte! Wir versuchten, sie im Gewächshaus überwintern zu lassen. Dort wurden sie dann nach und nach bei lebendigem Leibe von den Ratten gefressen.

Als das Klopapier knapp wurde, stifteten Frauke und Brigitte ihre engbeschriebenen Liebesbriefe, die alle auf weichem Durchschlagpapier getippt waren. Sie halbierten die Blätter, bündelten sie und zogen ein Band hindurch, das über dem Klo befestigt wurde.

Die Folge war, daß niemand mehr unter einer halben Stunde das Örtchen verließ, denn hier war ein wahrer Poet am Werk gewesen! Und das fesselt!

Hans-Jürgen, der zum Schluß noch verwundet und von Nonnen gepflegt wurde, nahm deren Jüngste bei Kriegsende einfach aus ihrem Kloster mit, heiratete sie, bekam zwei Kinder und führte ein beschauliches Dichterleben, was ihm zu gönnen war. Denn seine Frau verdiente als Krankenschwester die Brötchen.

Zu Weihnachten tauschten Frauke und er jahrelang die üblichen Ansichtskarten aus.

Eine bittersüsse Romanze

Sonnabends war immer Badetag. Brigitte, Ute und ich wurden zusammen in die Badewanne gesteckt! Als Jüngste mußte ich stets in die Mitte. Ob ich wollte oder nicht.

Anschließend setzten wir uns alle im Nachthemd im Spielzimmer um den Tisch. Dann gab es die unvergessene Schwänchensuppe. Heiße Schokolade mit süßem Eischnee, der wie eine weiße Schwanenflotte darauf verteilt war.

Danach verzog sich die geplagte Kinderschwester, und Mutti und Vater kamen zum Beten und Gute-Nacht-Sagen herauf. Wenn wir Glück hatten, wurden Geschichten erzählt!

Von Vater hörten wir sie bei dieser und anderer Gelegenheit im Laufe der Jahre doppelt und dreifach und noch öfter. Wir bogen uns trotzdem immer wieder vor Vergnügen, weil er die Begebenheiten so herrlich schildern und neu variieren konnte. Er zerraufte sich seine dunklen Haare, rollte verwegen mit den braunen Augen, schlang sich ein buntes Handtuch um den Hals und gestikulierte wild mit den Armen.

Mutti war viel ruhiger und sanfter. Aber ihre Geschichten, die sich meistens um die Vorfahren drehten, waren um so spannender.

Da gab es zum Beispiel die bittersüße Romanze der bildhübschen Diane Gräfin von Pappenheim, einer geborenen Comtesse de Waldner aus dem Elsaß, die unsere Ur-Urahne gewesen war.

Diane heiratete blutjung den über zwanzig Jahre älteren Wilhelm Maximilian und lebte mit ihm auf Stammen, das noch heute Pappenheimscher Familienbesitz ist.

Als ihr zweites Kind, wiederum ein Sohn, geboren war, berief Jerôme Bonaparte, damaliger König von Westfalen und Bruder Napoleons, das Paar an den Kasseler Hof. Wilhelm Maximilian wurde Hofmarschall, Diane trat als Palastdame in den Hofstaat der Königin ein. Sträuben war zwecklos. Man hatte dem Ruf seines Königs zu folgen. Basta!

Obwohl sie sich mit aller Kraft dagegen wehrte, wie meine Mutter immer wieder zu betonen pflegte, verfiel die entzückend anzusehende kleine Gräfin schon bald der Faszination des schönen und verwegenen jungen Königs, der aus Staatsgründen einer ungeliebten Frau vermählt war: Katharina von Württemberg!

Ach, mit wieviel Phantasie konnten wir uns diese bittersüße Liebesgeschichte ausmalen, zwischen dem heißblütigen Monarchen mit seinem wilden Korsenblut und der zauberhaften Diane, die den alten Kerl am Hacken hatte, der obendrein noch nervenleidend war und zusehends verfiel!

Diese leidenschaftliche Verbandelung blieb nicht ohne Folgen, wie man sich denken kann. Eine Tochter wurde geboren, Jenny, die Jerôme dreist als Pate über das Taufbecken hielt. Sitten waren das!

Als sich Tochter Nummer zwei ankündigte, war der arme Pappenheim bereits auf sein Gut zurückgekehrt, wo er dahinsiechte. Die Russen aber lagen vor Kassel. Napoleons und damit auch Jerômes Stern ging unter.

Wenn Diane die erste Tochter nach außen hin auch noch ihrem Pappenheim unterjubeln konnte, bei der zweiten war das nun wirklich nicht mehr möglich. Auch damals nicht!

Schon auf der Flucht, kehrte Jerôme noch einmal in einem tollkühnen Ritt, nur von seinem Adjutanten begleitet, zurück, drückte das wenige Stunden alte Kind an sein Herz und gab ihm den Namen: Pauline, Gräfin von Schönfeld. Schönfeld nach dem kleinen Herrenhaus bei Kassel, wo Diane und er im Feuer der Leidenschaft alles um sich herum vergessen hatten!

Hier umarmte er auch die geliebte Frau in einer herzzerreißenden Abschiedsszene noch einmal und galoppierte, verfolgt von Russenkugeln, davon. Er sollte sie niemals wiedersehen!

An dieser Stelle weinte ich jedesmal.

Das Landhaus Schönfeld existiert noch heute. Es ist inzwischen ein Hotel. Das Schicksal wollte es, daß ich vor vielen Jahren anläßlich eines Klassentreffens hier wohnte.

Ich hatte zunächst keine Ahnung von dem Drama, das hier vor rund 150 Jahren passiert war, bis ich beim Abendessen in einem der stilvollen Salons, den man für uns reserviert hatte, Jerôme Bonaparte bemerkte, der mich aus einem riesigen Ölschinken ungeniert fixierte. Da fiel es mir dann plötzlich wie Schuppen von den Augen: Armer König Lustig! Er ging damals für zweiunddreißig lange Jahre ins Exil!

Und die bedauernswerte Pauline, Gräfin Schönfeld, kam noch als Baby in ein Kloster nach Paris. So büßt man für die Sünden der Eltern!

Diane aber gab das Pfand ihrer Liebe als Totgeburt aus und reiste mit den beiden Söhnen und der Jerôme-Tochter Jenny nach Stammen. Ihr Mann erkannte sie nicht mehr und tat das Beste, was er machen konnte: Er starb.

Doch die zunächst verfemte junge Witwe blieb nicht lange allein. Sie erhörte das Werben eines Mannes, der sich beim Wiener Kongreß hervorgetan hatte: Baron Ernst August von Gersdorff, bekam weitere Kind, und, und...

Wenn Mutti nicht mehr weiter wußte, nahm sie ein dickes Buch zu Hilfe, das »Im Schatten der Titanen« heißt, 1905 erschienen ist und jetzt vor mir liegt. Es ist von einer Lily Braun geschrieben, einer Enkelin von Jenny! Da steht alles schwarz auf weiß. Auch Jennys Begegnung mit dem alten Geheimrat von Goethe in Weimar, in dessen Gartenhaus sie aus und ein ging und der sich als ihr »Ältester Verehrer« zu bezeichnen pflegte.

Zu seinem letzten Geburtstag, am 28. August 1831, schickte die Zwanzigjährige dem so hochgeschätzten Greis ein Paar Pantoffeln.

Ich zitiere aus ihrem Tagebuch:

»Da ich aber nie eine Künstlerin, ja nicht einmal eine Verehrerin von sogenannten Damenhandarbeiten war, schämte ich mich meiner unvollkommenen Gabe und schrieb, da ich nicht wagte, sie selbst zu bringen, folgende Verse dazu:

Nur ganz bescheiden nah ich heute mich,
Wo so viel schönre Gaben dich umringen;
Doch, Herr, Bedeutung hab auch ich,
Denn Liebe und Verehrung soll ich bringen;
Drum, wenn auch Höhre, Meister, dich begrüßen,
Mir gönne nur den Platz zu deinen Füßen.
»Zwar kann ich Engeln nicht Befehle geben,
Daß seine Schritte sie mit Liebe führen,
Doch will ich weich mit Seide euch durchweben,

Daß ihn kein Steinchen möge hart berühren«,
So sprach die Herrin, und so laß mich schließen
Und gönn auch ihr den Platz zu deinen Füßen.

Es war etwa elf Uhr vormittags, als Friedrich, Goethes
wohlbekannter Diener, mir auf meiner Eltern Treppe
begegnete, um der Freudestrahlenden des Dichters
Dank zu bringen. Auf rosa gerändertem, großen Bogen las ich die Antwort:

Dem heil'gen Vater pflegt man, wie wir wissen,
Des Fußes Hülle, fromm gebeugt, zu küssen;
Doch! Wem begegnet's hier, im langen Leben,
Dem eignen Fußwerk Kuß um Kuß zu geben?
Er denkt gewiß an jene liebe Hand,
Die Stich um Stich an diesen Schmuck verwandt.
Der älteste Verehrer J. W. v. Goethe.«
Am 28. August 1831.

Jennys Mutter, die schöne Diane, die ja nunmehr von
Gersdorff hieß, litt still vor sich hin, nachdem auch
dieser Gatte verschieden war. Sie konnte nie darüber
hinwegkommen, daß sie ihre Tochter Pauline ins
Kloster abgeschoben hatte, um sich nicht zu kompro-
mittieren.
Doch sie hatte immerhin einen regen Briefwechsel mit
der Nonne, die sich Mère Maria de la Croix nannte
und ihrerseits über alles unterrichtet war.

Jenny, inzwischen mit Werner von Gustedt verheiratet und selber mehrfache Mutter, erfuhr erst nach Dianes Tod, wer ihr Papa war.

Da heißt es so herzzerreißend in besagtem Buch: »Das Leben hatte das Haar des Vaters bleichen, der Tod die schönen Augen der Mutter schließen müssen, ehe Jenny erfuhr, von wessen Blut sie war und daß hinter Pariser Klostermauern ihr noch eine Schwester lebte.«

Das muß ein Schock gewesen sein!

Im Jahre 1849, als die politische Situation es endlich gestattete, folgte sie der Einladung Jerômes nach Paris, stand also zum erstenmal ihrem leiblichen Vater und ihrer Schwester gegenüber! Und alle drei waren voneinander begeistert, so ist es wenigstens in den rührenden Briefen nachzulesen, die in dem Buch abgedruckt sind.

Früher machten die Kinder ihren Eltern eben keine Vorhaltungen. Sie waren ihnen in inniger, untertäniger Liebe zugetan, egal, was man der Brut auch angetan hatte! Nicht zu fassen!

Wir Geschwister jedenfalls waren außerordentlich beeindruckt von dieser Geschichte, spielten sie gerne nach, wobei keiner den ollen Pappenheim abgeben wollte, dessen Part schließlich meine Freundin Irma übernahm, die ohnehin gern herumsaß und dumm guckte.

Ich spielte am liebsten Jerôme, mußte mich aber

meist mit einer weniger bedeutenden Rolle begnü-
gen.

Jedenfalls haben alle immer sehr bedauert, daß wir
nicht von dem feurigen Korsen abstammen, sondern
leider Nachkommen des unglücklichen Pappenheim
sind.

Mutti war da ganz anderer Meinung. Ich glaube, sie
nahm der armen Diane ihren Fehltritt immer noch
krumm.

WARUM DER VETTER AUS DEM
FENSTER BELLT

Vater konnte von seiner Seite aus zwar nicht mit hochadeliger, dafür aber ziemlich merkwürdiger Verwandtschaft aufwarten.

Da war zum Beispiel sein Vetter, der schon erwähnte Fritz Prestin, Fliegergeneral, der zur Herbstjagd nur per Flugzeug einzuschweben pflegte. Er landete mit seinem Fiseler Storch auf einem abgeernteten riesigen Getreideschlag hinter dem Hof, der vorher mit weißen Bettlaken gekennzeichnet werden mußte.

Das ganze Dorf war natürlich auf den Beinen, wenn sich der tollkühne Fritze mal wieder die Ehre gab!

Er, ein kleiner, drahtiger Kerl, mit kühnem Cäsarenschädel, genoß seine Auftritte wie ein König! Da er uns und die Dorfkinder bei dieser Gelegenheit reichlich mit Schokolade beschenkte, die er hoheitsvoll verteilte, fieberte auch ich jedesmal seinem Erscheinen entgegen.

Doch jagdlich war Onkel Fritz eine ziemliche Niete,

denn er schoß permanent vorbei. Aber dafür glänzte er dann abends bei den Damen um so mehr, die sich begeistert um ihn scharten und gebannt an seinen Lippen hingen.

Fritze hatte nämlich schon als blutjunger Fliegerleutnant im Ersten Weltkrieg in kritischen Situationen stets den rettenden Ausweg quasi aus dem Hut gezogen, was er gekonnt zu erzählen wußte.

Wie die Geschichte mit dem einen ausgefallenen Motor, die noch dazu bei einem Aufklärungsflug über den feindlichen Linien passierte.

Ich zitiere sinngemäß:

»Wir konnten eigentlich nur noch beten, denn der Absturz war gewiß! Da kam mir plötzlich die zündende Idee!«

Bei diesen Worten blickte er mit seinen stahlblauen Augen, die so wunderbar mit seiner blauen Fliegeruniform harmonierten, beifallheischend in die Damenrunde, erntete Aahs und Oohs und fuhr fort:

»Ich übergab meinem Co-Piloten also den Knüppel und zwängte mich aus dem Kabinenfenster! Mit dem Schraubenschlüssel zwischen den Zähnen enterte ich die rechte Tragfläche, an der der Motor ausgefallen war! Von feindlichen Kugeln umschwirrt, vom wahnsinnigen Luftdruck wie mit Fäusten geschüttelt, robbte ich mich zentimeterweise vorwärts und schaffte schließlich das Unglaubliche: Der Motor lief wieder, die Maschine gewann an Höhe!

Doch die Rückkehr ins Flugzeug erwies sich als noch schwieriger. Meine Kräfte erlahmten, ich fühlte meine geschundenen Hände nicht mehr, wollte verzweifelt aufgeben. Da, in letzter Sekunde dachte ich an all die schönen Frauen, denen ich nun nicht mehr begegnen würde. Das gab mir neue Energie! Ich konnte die ausgestreckten Arme des Co-Piloten erreichen, der mich schließlich ins Innere zog. Gerettet!«

Die Damen klatschten euphorisch Beifall. Himmel, was für ein Held!

Onkel Fritz hatte auch eine Frau, an sie erinnere ich mich nicht. Ich weiß nur, daß sie beizeiten in einer Nervenheilanstalt landete. Kunststück!

Dann gab es noch einen sehr betuchten Vetter, der Name ist mir vorsichtshalber entfallen. Er war so geizig, daß er sich jeden Morgen das Frühstücksei mit seiner Frau teilte. Kinder hatten die beiden natürlich nicht.

»Das ließ sein Geiz nicht zu. Er wollte kein Sperma rausrücken!« wie sich später mein Bruder respektlos dazu äußerte, der ihn nie kennengelernt hatte.

Ich weiß noch, als sein Hof- und Wachhund eines Tages an Altersschwäche starb. Er rief Vater an, wollte von uns einen Welpen. Natürlich umsonst! Gottlob hatten wir gerade keinen. Vater gab ihm die Adresse eines renommierten Zwingers. Als er nichts mehr von ihm hörte, rief er den Vetter an: Ob es mit dem Hund geklappt hätte?

»Bin ich denn ein Krösus?« kam es empört zurück. »Fünfzig Mark für einen lausigen Köter zu berappen!«

»Und was machst du jetzt?« erkundigte sich Vater amüsiert.

»Was soll ich schon machen? Ich stelle mir nachts alle zwei Stunden den Wecker und belle selbst!« war die lapidare Antwort.

Mein skurriler Großonkel Paul, genannt Ohm Paul, der sein Gut, auf dem es übrigens nur Rotschimmel gab, verkauft und sich – mangels eines Erben – bereits mit sechzig Jahren in Berlin zur Ruhe gesetzt hatte, bekam plötzlich Lust, sich auf seine alten Tage noch mal einen Besitz anzuschaffen. Berlin war dem Landmann auf Dauer doch zu einseitig und eng.

Rasch hatte er einen Makler aufgetan, der ihm an der polnischen Grenze ein lukratives Objekt offerieren wollte.

Da angeblich noch andere Interessenten scharf auf das günstige Angebot waren, nahm Ohm Paul die Anzahlung gleich mit, um die Sache gegebenenfalls für sich zu entscheiden.

Bei der Ankunft auf dem winzigen Bahnhof mitten in einem dichten Waldgebiet erwartete den Hünen der Gütermakler, ein kleiner, mickriger Mann, der ihn etwas erschreckt musterte, dann aber sogleich mit ihm losstapfte.

Der Makler hatte eine Art Mini-Handstock aus Metall

dabei, mit dem er stolz Bodenproben entnahm, die er Ohm Paul präsentierte, um ihn von der guten Beschaffenheit des Bodens zu überzeugen.

In einem besonders unwegsamen Gebiet forderte er meinen Ohm dazu auf, es doch auch einmal mit einer Bodenprobe zu versuchen.

Der nickte, nahm das Ding und beugte sich vor, um es in die Erde zu stechen. Im selben Augenblick fühlte er sich wie von einem Faustschlag zu Boden gestreckt. Doch er kam sofort torkelnd wieder auf die Füße und klammerte sich wie mit Schraubstöcken an dem Männchen fest: »Mein Gott, ich glaube, ich habe einen Schlaganfall bekommen«, stöhnte er angstvoll.

»Ja, Exzellenz, Sie haben einen Schlaganfall bekommen!« bestätigte der Typ und versuchte, sich aus dem klammernden Griff zu befreien. Doch Ohm Paul hielt ihn fest.

»Ich will sofort nach Hause«, verlangte er, dem die Vorstellung, in dieser entlegenen Gegend zu sterben, ganz und gar nicht behagte. »Und Sie kommen mit mir nach Berlin! Sie dürfen mich jetzt nicht im Stich lassen!«

Er ließ den Makler erst aus seinen Fängen, als sie am Tiergarten vor der Wohnungstür angekommen waren. Der trollte sich dann auch blitzartig davon.

Der herbeigerufene Hausarzt konnte keine Anzeichen eines Schlaganfalls feststellen. Er bemerkte jedoch ein wenig Blut hinten an seinem Hemdkragen, untersuchte die Wunde näher und entdeckte, daß eine Pistolenkugel in Ohm Pauls Specknacken steckte, die an seinem Halswirbel abgeprallt war.

Der angebliche Gütermakler wurde bald gefunden! Er war ein gesuchter Raubmörder, der bereits fünf Männer in die Einöde gelockt, ermordet, verscharrt und um ihre Barschaft gebracht hatte.

Ohm Paul bekam eine Einladung zu seiner Hinrichtung, die er jedoch dankend ablehnte, was ich ganz und gar nicht verstand. Doch er konnte sich zeitlebens nicht verzeihen, daß er auf diesen mickrigen Kerl hereingefallen war.

»Hätte ich geahnt, was der Hänfling im Schilde führt«, pflegte er empört zu sagen, »er wäre von mir mit einer Hand wie eine Laus zerquetscht worden!«

DAS VERLORENE GLASAUGE

Ins Dorf kam man von dem Gut aus auf verschiedene Weise: über die Kirschallee, die direkt zum Kleinbahnhof führte, oder durch das Haupttor an der Kirchhofsmauer entlang. Man konnte auch das sogenannte Schäfertor benutzen und außen herumgehen. Je nachdem, wohin man gerade wollte.

Ich bevorzugte oft den vierten, nämlich den Wasserweg! Der war wesentlich aufregender. Der Beekgraben kam vom Dorf und floß an unserem Gemüsegarten und dann am Park vorbei, ehe er sich Richtung Koppeln und Fasanerie wieder davonmachte, um in den Speckgraben und von dort in die Elbe zu fließen.

Ich stieg also irgendwo hinein, turnte von Stein zu Stein, kletterte auch mal an der Böschung entlang, wenn das Wasser zu tief wurde, und kam schließlich an der Brücke in der Dorfmitte wieder zum Vorschein.

Das ging natürlich nur, wenn der Beek wenig Wasser

führte. Den leicht kloakigen Geruch habe ich übrigens noch heute in der Nase, wenn ich an meine Exkursionen denke. Dieser Weg hatte viel für sich, wenn ich nämlich Krach mit irgendwelchen Dorfbengels hatte und ihre Kloppe fürchtete. Sie konnten dann stundenlang erfolglos am Haupttor auf mich lauern. Ich war längst über alle Berge und bei meinen Schulfreundinnen.

Ilse Holz war auch eine von ihnen. Sie hatte ein Glasauge, das sie herausnehmen und putzen konnte, worum ich sie sehr beneidete. Das Schönste war ihr Geburtstag! Dann saßen wir mit der ganzen Verwandtschaft in der guten Stube, tranken aus wunderbar bemalten Sammeltassen echten Kaffee, den es bei uns nie für Kinder gab, aßen Torte und riesige Bleche mit Butter- und Pflaumenkuchen leer, die nebenan auf den Ehebetten aufgereiht standen. Abends gab es dann grüne Götterspeise, Wabbelpudding genannt, mit Vanillesoße! Einfach köstlich und unvergessen, weil sowas bei uns leider nie auf den Tisch kam.

Ilse hatte eine Patentante in Arneburg, die an ihrem Geburtstag anreiste. Sie kam oft schon ein oder zwei Tage früher, um beim Kuchenbacken zu helfen.

Diese Tante, Adele mit Namen, übernahm immer den Pflaumenkuchen, wobei ein Teil der Pflaumen, die sie roh am liebsten mochte, in ihren Mund wanderten. Dagegen ist nichts einzuwenden, aber sie schluckte die Kerne kurzerhand mit hinunter. Die Folgen waren jedesmal grandios!

Wir warteten schon gespannt, wenn Tante Adele wohl endlich ein menschliches Rühren verspüren würde. War es dann soweit, folgten wir ihr heimlich und kletterten leise auf das geteerte Dach des Abortes, der mitten im Garten stand.

Hier spitzten wir aufgeregt die Ohren. Und schon ertönte unter uns ein jämmerliches Wehgeschrei, das sich bald in: »Aua, aua! Mei dücht met mei gäht to Enn. Wat sin dät bloß för Wehdan, dät kann keen Minsch nich uthollen«, steigerte, weil die spitzen Kerne unbarmherzig ins Freie drängten.

Wir hielten uns die Bäuche vor Vergnügen, strampelten feixend auf dem Dach herum. Einmal müssen wir es wohl zu arg getrieben haben, denn das windschiefe Häuschen stürzte in sich zusammen, und drei von uns fielen zu Adele ins Klo und begruben sie laut kreischend unter sich.

Ich wurde glücklicherweise nach außen geschleudert und humpelte los, um Hilfe zu holen. Dann machte ich mich eilends davon, weil Ilses Vater eine ziemlich kräftige Handschrift schrieb.

Am nächsten Tag erschien Ilse ohne Glasauge in der Schule. Sie hatte es bei dem Tumult eingebüßt! In der Pause lief sie heulend nach Hause, weil alle sie anstarrten.

Nachmittags schlich ich dann schweren Herzens über den Wasserweg ins Dorf, um ihr beim Suchen zu helfen. Da war es Gott sei Dank schon wieder aufgetaucht: »Mank de Bretters, nich in de Schiet!« wie sie fröhlich verkündete.

Eine weitere Freundin war Erna Ahlfeld, Tochter vom Müller, die mit mir die Schulbank drückte. Sie hatte montags immer den Schlüssel von der Penne im Tornister und ließ uns gnädig eintreten.

Kantor Lüning kam dann nämlich mit seinem klapprigen Auto aus Rathenow angefahren, wo er das Wochenende bei seiner Mama verbracht hatte. Da war es dann fast Mittag.

Im Winter wurde zuerst der Ofen angeheizt. Dann schickte er ein paar Kinder los, die ihm sein Frühstück besorgen mußten: Brötchen, Wurst und Milch oder Bier, was er genießerisch schmatzend, hinter seinem Katheder hockend, verspeiste. Hatte Lüning diese Anstrengung bewerkstelligt, war die Schule meistens aus, und wir konnten nach Hause gehen.

Als Erna es dann zur Jungmädel-Führerin gebracht hatte, kam ich – inzwischen auf die Oberschule gewechselt – auch manchmal »zum Dienst«, wie sich das nannte. Dann machten wir meistens Quatsch, spielten Jäger und Gendarm, veranstalteten Schnitzeljagden auf dem Friedhof oder foppten die Bengels.

Nur wenn sich irgendeine höhere Führerin aus Stendal angesagt hatte, standen wir stramm und sangen zackige Lieder. Das fand ich aber auf Dauer zu doof und verkrümelte mich heimlich, was natürlich doch auffiel.

So kam ich auf der Strichliste, die die Anwesenheit dokumentierte, nur sehr unregelmäßig vor, was Erna natürlich tolerierte, die Stendaler jedoch nicht! Worauf sogenannte »Aufforderungen« ins Haus flatterten, die meine Eltern anhielten, mich pünktlich zum Dienst zu schicken.

Vater lachte über den Blödsinn, zerriß die Zettel und vergaß die Sache. Mutti ebenfalls.

Gottlob hatte ich als Gutstochter ja gewisse Privilegien im Dorf, oder, besser gesagt, Narrenfreiheit! Aber in Stendal brütete man bereits darüber, wie ich zur Raison zu bringen sei.

So kam die Familie irgendwann auf die »Schwarze Liste«, weil sich auch meine älteren Schwestern erfolgreich gedrückt hatten. Denn besagte Führerin war die Tochter vom Landrat, der unseren Vater schon seit längerer Zeit, auch wegen anderer Ungebührlichkeiten, auf dem Kieker hatte.

Als die Amis dann mangels Gegenwehr früher als erwartet unser Gebiet besetzten und den Obernazi zum Verhör abholen wollten, hatte er sich voller Angst in seiner Scheune im Heu verkrochen.

In seinem Schreibtisch fand man eine Liste von Leuten, die noch vor Einmarsch der Alliierten liquidiert werden sollten. Vater stand ganz oben auf dem Wisch! Als er das hörte, wurde ihm schlecht. Mir auch! Wir hatten nicht gewußt, wie gefährlich unser Leben damals war.

Elsa Schulz war die Enkelin von der alten Oma Schulz, die den kleinen Kramladen in Schinne führte, wo es von der Nähnadel bis zum Hering alles gab.

Ich bewunderte Elsa sehr, die zwei Jahre jünger und einen Kopf kleiner als ich war, weil sie bereits als Achtjährige ihre Oma im Laden vertreten durfte, was sie großartig machte. Sie hatte alle Preise im Kopf, wog Zucker und Mehl ab, angelte Heringe aus dem Faß und klebrige Bonbons aus dem Glas, verkaufte Nähseide und Holzpantoffeln.

Die Dorfbengels nannten Elsa nur »Affenschnauze«. Ich bediente mich dieses Kosenamens lediglich, wenn ich wütend auf sie war. Sie hatte tatsächlich einen reichlich breiten Mund und eine laute, rostige Stimme. Aber Elsa sang lieblich wie eine Nachtigall, was man von mir nicht behaupten konnte.

In der Adventszeit mußten wir Kinder immer Weihnachtslieder einüben, die dann in der Kirche und bei Feiern von der Frauenhilfe vorgetragen wurden. Das tat der blinde Organist, Willy Holz, mit uns, dem ein Mitschüler als Siebenjähriger bei einer Rangelei mit dem Regenschirm ein Auge ausgestoßen hatte. Das andere wurde dann später auch blind.

Ich stand wohlweislich immer hinter Elsa beim Singen, da hörte man mein Gebrumme nicht so heraus. Wir trugen offene Haare mit Silberbändern umwunden und weiße, wallende Gewänder. Wir sollten wohl himmlische Heerscharen darstellen.

Einmal, als wir jede eine Kerze in der Hand hielten und im Konfirmandensaal vor den begeisterten Angehörigen säuselten, fingen Elsas lange, lockige Haare durch meine Unvorsichtigkeit Feuer, das ich geistesgegenwärtig mit meiner bloßen Hand ausschlug.

Elsa, die von dem Brand nichts bemerkt hatte, dachte, ich wollte sie während der Darbietung plötzlich ohrfeigen, zischte empört: »Orschlock!« Erst als es gewaltig nach Horn stank, griff sie sich ahnungsvoll in ihre beschädigte Lockenpracht.

Willy Holz sagte beim anschließenden Kaffeeklatsch anerkennend zu Tante Brigitte:

»Eure Huberta höre ich immer genau raus! Die hat ja 'ne Stimme wie 'ne Lerche!«

Ich war sehr stolz, aber auch ein bißchen beschämt, weil ich genau wußte, daß er natürlich nicht mich, sondern Elsa Schulz gemeint hatte.

Willy war so alt wie meine älteste Schwester Ursel. Aber er kam mir viel erwachsener vor, wahrscheinlich, weil er hochaufgerichtet und gemessen am Arm seiner Mutter einherschritt, stets ernst und gesammelt war und obendrein noch diese wunderbaren Töne aus Orgel und Harmonium hervorlocken konnte! Und das, obwohl er blind war! Für mich ein wahres Wunder!

Willy hatte auf Staatskosten in Halle an der Saale auf dem Konservatorium studiert und sich auf Orgelmusik spezialisiert. Die Nazis strichen ihm bald sein Stipendium, er kam enttäuscht nach Hause zurück. Für

Schinne jedoch ein Gewinn, denn mit seinem Vorgänger war kein Staat zu machen. Unsere Lehrerinnen flüchteten sich oft zu ihm, wenn sie sich einsam und unverstanden fühlten. Mit Willy war wenigstens zu reden. Er konnte gut zuhören und hatte schließlich Bildung genossen!

FRAU MEYER BRÜTET EIER AUS

Der Martinstag, am 10. November, war zu Hause etwas ganz Besonderes! Dann zog ich mit den Dorfkindern einem alten Brauch zufolge am Spätnachmittag von Hof zu Hof und erbettelte süße Gaben.

Meine Schwestern beteiligten sich nicht an dieser Unternehmung. Außer Frauke, die gern Babys betreute, mieden sie das Dorf tunlichst, sie waren sich selbst genug.

Ich hingegen – was wohl auch daran lag, daß mir altersmäßig ein Pendant fehlte, schleppte jede Menge Freundinnen mit nach Hause und spielte mit ihnen. Ich brachte sie nachmittags zum Kathreiner-Milch-Kaffee mit ins Eßzimmer, was toleriert wurde, da die Eltern den Tee ohnehin in Muttis Salon einnahmen. Das einzige Privileg, das sie sich einmal am Tag gönnten.

Brigitte schätzte fremde Kinder gar nicht. Das ging

soweit, daß sie die Nase ins Spielzimmer steckte, laut verkündete: »Hier stinkt's!« und wieder verschwand.

Da ich vor allem Töchter von Schweizern, Schweinemeistern und Schäfern bevorzugte, die natürlich einen gewissen Eigengeruch verströmten, blieben wir auf diese Weise wenigstens unter uns.

Am Martinstag hängte ich mir also einen Leinenbeutel um die Schultern und stiefelte mit den Dorfkindern los. Am Ortsende fingen wir meistens an, stellten uns bei dem ersten Bauern in den Hausflur und sangen aus vollem Halse:

Martins, Martins Vögelchen
Mit die golden Flögelchen
Fleg hoch owern Wien
Morgen is Martin!
Martin is en goden Mann,
der uns all wat geven kann.

Gevt uns wat und lat uns gohn,
dat wie hüt noch wieer kom,
bet vör Nachbars Dör
doar givt Appel und Bär.
Nöt schmeckt ok all got
smiet uns wek in unsen Hot.

Wenn wir fertig waren, hagelte es Nüsse, Kekse und Bonbons, die wir eilig aufsammelten, in unseren Behältnissen verstauten, und ab ging's zum Nächsten!

Nahten wir uns dem Gut, verdrückte ich mich für eine Weile. Ich kannte die Backwerke, die eigens zu diesem Zweck von Mamsell gebacken wurden und »Martiniplätzchen« hießen. Ich schätzte sie nicht sonderlich.

Aber nebenan, bei Tante Brigitte, der Schwester meines Vaters, die mit dem stets zu Späßen aufgelegten Onkel Jochen, einem Major, verheiratet war, gab es herrliche Bonbons, die in Gold- und Silberpapier eingewickelt waren. Und feine Schokoladenkekse. Sie knallte die Gaben auch nicht in Flur oder Diele wie die anderen Leute, sondern drückte jedem seinen Anteil in die Hand.

Ich liebte Tante Brigitte, für die ich oft kleine Besorgungen machen durfte, was immer mit fünf Pfennig belohnt wurde, wofür ich im Dorfladen einen dicken Mohrenkopf bekam.

Oma Suse, die ebenfalls in ihrem kleinen Haus auf dem Hof wohnte, war nicht so spendabel wie Tante Brigitte, doch ihre Plätzchen schmeckten immerhin besser als die von uns! Außerdem warf sie riesige Walnüsse in die Diele, die meterhoch sprangen und von uns unter Gejuchze eingesackt wurden.

Wir zogen dann weiter und kamen auch zu Frau Meyer, von der wir alle wußten, daß sie höllisch geizig war. Sie feuerte schrumpelige Äpfel und vergammelte Pflaumen in ihren dreckigen Flur und grinste diabolisch, wenn sich die Kinder auch noch darum balgten.

Ich weiß noch genau, wie ich mich 1940 zum letztenmal am Martinisingen beteiligte. Da konnte ich nämlich meine kleine Schar dazu bringen, der »alten Hexe«, wie wir sie heimlich nannten, die vergammelten Gaben unsererseits vor die Füße zu knallen. Teufel, hat sie da gegeifert!

Bei Frau Meyer fällt mir noch eine andere Begebenheit ein, die sich ein paar Monate später, nämlich im Frühjahr, zutrug.

Frau Meyer hatte eine Gans zum Ausbrüten auf zehn Eier in ihre Scheune gesetzt. Geizig wie sie war, sparte sie selbst bei der armen brütenden Gans an Futter und Wasser, worauf das gepeinigte Tier, eine Woche bevor die kleinen Gänseküken schlüpfen sollten, vor Entkräftung tot in der Scheune über den Eiern zusammenbrach.

Worauf sich Emma Meyer mitsamt der zehn Gänseeier eilends in ihr Bett verzog und es erst wieder verließ, als alle zehn Gössel geschlüpft waren!

Da sie Schmalz, bei dem sie hin und wieder Kohlpflanzen holte und sich ausweinte, diese Geschichte erzählte, erfuhren wir sie aus erster Quelle.

Einige Zeit später, als meine Freundin Irma und ich gerade am Scheunentor Ball spielten und ich in Führung lag, erschien Ute und forderte uns geheimnisvoll auf, ihr zu folgen. Mir schwante gleich nichts Gutes, denn Ute neigte dazu, mir meine Freundinnen abspenstig zu machen, zumindest stiftete sie uns meistens zu irgendwelchem Blödsinn an.

So war es denn auch! Wir krochen über den Holzhof, schlichen hinter ihr her am Maschinenschuppen vorbei und standen plötzlich wie zufällig am Gartenzaun von Frau Meyer, die in der Ferne in einem Beet werkelte.

Nachdem Ute es uns ein paarmal leise vorgesagt hatte, schrien wir aus Leibeskräften zu dritt:

»Frau Meyer! Legt zehn Eier in ihr Bett, o, wie nett! Kriechen viele Gössel aus, schieten ihr ins Bauernhaus!«

Gespannt blickten wir nach drüben. Enttäuschend! Frau Meyer hackte ruhig weiter. Also das Ganze noch einmal: nichts!

»Ich glaube, die ist taub«, erklärte Irma, als Frau Meyer langsam und total desinteressiert in ihrem Schuppen verschwand.

Wir beratschlagten gerade, was zu tun sei, da kam sie plötzlich von der anderen Seite mit ihrem Fahrrad angesaust!

Entsetzt stoben wir auseinander und rasten heimatlichen Gefilden zu. Oben in der Parkmauer war nämlich ein kleines Loch, durch das wir bei Gefahr schlüpfen konnten.

Ute, als Älteste, hatte Vorsprung. Wir hechelten voller Angst hinterher. Jetzt hatte sie es geschafft, schwang sich hoch, zwängte sich in das Loch, blieb bequem drin hocken und lachte und lachte, das gemeine Biest!

Nun, wo sie in Sicherheit war, konnten wir ruhig der Hexe in die Hände fallen.

Irma boxte Ute schließlich in Todesverzweiflung in den Park und schob sich dann selber durch den Spalt. Ich schaffte es nicht mehr, konnte mich gerade noch retten, obwohl ich der Rächerin schon Auge in Auge gegenüberstand, rannte quer über die Koppel, wo ich mich schließlich hinter einem der Hühnerställe verbarg, immer in Panik, daß mich Frau Meyer aufstöbern würde. Entsetzlich!

Erst Stunden später, nachdem ich den gewaltigen Umweg über die Fasanerie gewählt hatte, trafen wir uns wieder, wo Ute sich immer noch totlachen wollte!

Schmalz jedoch las uns am nächsten Tag gehörig die Leviten. Die arme Frau, die eigentlich ein ältliches Fräulein war, hätte sich bitter bei ihm beschwert: »Wenn ik den Chef dat erzähle, jibt et wat mit die Reitpeitsche!« erklärte er grimmig.

Wir flehten ihn an, Vater aus dem Spiel zu lassen, denn in punkto Leutefoppen verstand er leider überhaupt keinen Spaß.

Ein Jahr darauf nahm das verwelkte Fräulein Meyer, nachdem ihr uralter Vater gestorben war, übrigens einen jungen, schmucken Knecht ins Haus, ließ sich umgehend von ihm schwängern, was alle Welt in höchste Verwunderung versetzte, und warf den Überraschten nach der Geburt eines gesunden Sohnes wieder hinaus!

So macht man das in der Altmark!

DIE HERRSCHAFT IST MIR ZU KINDISCH

Meine Mutter stammte, wie schon angemerkt, aus einer alten Adelsfamilie. Sie hatte drei jüngere Brüder und Eltern, die in der Verwandtschaft nur »die Lilien auf dem Felde« genannt wurden, weil sie, wie in der Bibel berichtet, von keinerlei Sorgen geplagt waren.

Sie kannten und liebten sich seit Kindestagen und heirateten sehr früh: das temperamentvolle Fräulein von Pappenheim und der schmucke Leutnant von Goßler.

Urmama gab dem jungen Paar ihre altgediente Mamsell mit in den jungen Haushalt. Doch die kündigte sehr bald: »Die Herrschaft ist mir zu kindisch!«

Das tangierte die beiden wenig. Mit ihren Reitpferden, den Hunden, zahmen Vögeln, die im Haus herumflatterten, Zwerghühnern und einer riesigen Schildkröte lebten sie in vergnügter Eintracht.

Großmutter konnte fließend französisch und englisch

parlieren. Sie ritt, kutschierte, sammelte Antiquitäten und spielte Geige. Sie malte und war eine exzellente Fotografin mit eigener Dunkelkammer. Aber kochen, das konnte sie nicht und lernte es auch nie.

Großpapa, von uns Öpchen genannt, ein sanfter, liebevoller Mann, konnte keiner Fliege etwas zuleide tun. Trotzdem war er Offizier! Eigentlich seltsam.

Erst spät übernahm er das väterliche Gut in der Altmark, das seine früh verwitwete Mutter bis dahin mit eiserner Hand regiert hatte.

An Urmama erinnere ich mich nicht. Aber meinen älteren Schwestern ist sie noch heute in lebhaftem Gedächtnis. Sie trug immer ein kleines Spitzendeckchen auf dem Kopf, hatte einen Krückstock mit silbernem Knauf, mit dem sie herrisch aufzustampfen wußte, und besaß bis zuletzt einen sprühenden Geist.

Als Marie, ihre langjährige Zofe, im fortgeschrittenen Alter doch noch den Bund fürs Leben schloß und einen verwitweten Tischler aus dem Ort heiratete, kam sie zum Abschiednehmen aufs Schloß.

»Exzellenz«, druckste sie herum und schluchzte schließlich herzzerreißend. Urmama merkte, daß es nicht die Trennung allein war, die Marie zu schaffen machte.

»Na, was hast du denn noch auf dem Herzen?« ermunterte sie das Mädchen.

»Also, es ist so«, stammelte Marie. »Exzellenz wissen

doch, daß der Karl und ich nach Meßdorf ziehen, weil
da mehr Platz für uns ist ... «

»Ja?«

»Und ... und mein Mann ... er hat noch einen sehr
guten Eichensarg in der Werkstatt stehen. Da hab' ich
mir gedacht, ob Exzellenz den ... den vielleicht ... «
Sie verstummte.

Urmama fuhr lächelnd fort: »Ob ich den Sarg für
mich kaufen würde? Eine wunderbare Idee, Marie!
Ich lasse ihn gleich morgen bei euch abholen.«
Die ehemalige Zofe zog erleichtert ab. Der Sarg stand
noch jahrelang auf dem Boden im Schloß. Urmama ist
tatsächlich darin begraben worden.

Zunächst aber besuchte sie Marie ein paar Wochen
später in ihrem neuen Domizil. Stolz zeigte ihr die
junge Ehefrau das von Karl getischlerte funkelnagel-
neue Schlafzimmer mit den schneeweiß bezogenen
Betten und den feingehäkelten Tagesdecken darauf.

»Schlafen tun wir natürlich nicht darin«, sagte sie wie
selbstverständlich. »Das ist ja viel zu schade für
uns!«

Urmama nickte verständnisvoll und verbiß sich ein
Lachen, fuhr dann aber doch ziemlich nachdenklich
aufs Schloß zurück.

Apropos Schloß! Als mein Urgroßvater als junger Offizier seinen Abschied nahm, um sein Gut in der Altmark zu bewirtschaften und mit seiner Angetrauten

das neuerbaute Schloß zu beziehen, stürzte der stolze Turm ein und zwang ihn, zunächst weiter im Dienst zu bleiben.

Der Baumeister soll nach diesem Fiasko übrigens dem Wahnsinn verfallen und in einer Anstalt gelandet sein. Dahin gehörte er tatsächlich, denn »stille Örtchen« gab es im ganzen Haus nicht, die hatte er schlicht vergessen!

Wir Kinder wunderten uns später stets erneut, daß die wenigen Klos jeweils in einer Art Tanzsaal untergebracht waren, weil es kleine Räume nicht gab.

Erst Jahre später zog der Urgroßvater in das wieder aufgebaute Gemäuer, das einen neuen Turm erhalten hatte, eine sogenannte Rotunde! Um diesen Turm gruppierten sich die diversen Wohnräume und der Saal. Von der ersten und zweiten Etage aus sah man wie aus Theaterlogen nach unten, was uns Enkelkinder natürlich dazu anregte, heimlich hinunterzuspukken. Ich fürchte, den Knaben ist womöglich noch mehr eingefallen.

Weil dieses im Grunde potthäßliche Haus mit seinen vielen Nischen und Erkern, seinen dunklen Gängen und himmelhohen Räumen, seinen Gerüchen und Geräuschen so sonderbar und geheimnisvoll war, geistert es noch immer durch meine Träume.

Und dann der Park mit den beiden Wäldchen, in denen wir mit unseren Cousinen, die in Calbe zu Hause waren, herrlich Versteck spielen und Hütten bauen konnten. Da waren auch die Teiche mit den stolzen Schwänen.

Als Frauke und Brigitte, die im Kahn saßen, sie während der Brutzeit zu necken wagten, lagen beide Mädchen in Sekundenschnelle kreischend im morastigen Wasser, und der Schwanenvater hockte empört im Boot!

Natürlich erinnere ich mich auch an den Hof mit den Ställen und der Schweinewaage, wo Großmutter uns in den Ferien jede Woche eigenhändig wog. Sie fand, wir seien viel zu dünn. Wer zugenommen hatte, bekam ein Schokoladenbonbon! Ich zu meinem Kummer nie. Bis mir die Idee kam, mir Steine in die Tasche zu stecken, was die anderen längst taten, wie ich später erfuhr. Da gehörte ich dann endlich auch zu den Privilegierten! Doch das schlechte Gewissen blieb!

Aber von Butter für uns Kinder hielt Großmama trotzdem nichts! Selbst unter Gelee und Marmelade gab es keine.

»Das ist der Weg, der ins Zuchthaus führt«, wurden wir von Elise, dem Hausmädchen, belehrt. Weiß der Himmel, wie sie darauf kam.

Auch Ernst, der Diener, der schon die alte Exzellenz umsorgt hatte, gehört zu meinen Erinnerungen. Ein großer, achtbarer Mann, dem ich manchmal beim Silberputzen helfen durfte. Er machte seinem Namen alle Ehre, denn ich habe nie beobachten können, daß er lachte. Auch seine Bewegungen waren gemessen und würdevoll. Das beeindruckte mich damals sehr.

Als mein Vater einmal ein paar Fasanen für Großmama geschossen hatte und anschließend einen Tee mit ihr trank, ließ er seinen jungen Jagdhund in der Rotunde zurück. Angeleint an die Apostelbank, einem geschnitzten Schmuckstück mit den zwölf Aposteln. Er legte Hut und Mantel daneben, damit dem Hund nicht bange wurde ohne seinen Herrn.

Nach einer Weile steckte Ernst seinen Kopf durch die Tür.

»Soll denn der Bibo den Hut vom Herrn Schwiegersohn fressen?« fragte er mit todernster Miene.

Das sollte er natürlich nicht.

»Und die Apostelbank hat er auch soeben besprenkelt«, fuhr er unbewegt fort.

Großmama aber sagte nur lachend: »Hoffentlich hat es wenigstens den Judas erwischt!«

Eine Landhochzeit mit Folgen

Meine Eltern lernten sich bei einer großen Landhochzeit in der Altmark kennen. Vater, der seltsamerweise Nichttänzer war, hatte große Mühe, sich an meine Mutter heranzupirschen, denn Tanzen war ihre Leidenschaft, und sie flog von einem Arm in den anderen.

Schließlich hatte er es geschafft, der Funke muß auch sofort übergesprungen sein, denn die beiden zogen sich in einen Erker zurück und redeten und redeten. Das heißt, meist redete er! Sie hörte gebannt zu und wies alle Tänzer ab, die das Idyll zu stören wagten.

Doch als Vater sie zu fortgeschrittener Stunde fragte, ob sie wohl mit ihm durch den Park lustwandeln würde, die Nachtigall sänge gerade so herrlich, sagte sie kategorisch »nein«.

Schön blöd, fanden wir Kinder immer und amüsierten uns. Vater muß diese Absage jedoch erst recht dazu ermuntert haben, sie weiter zu hofieren. Denn beim Abschied bat er darum, ihr schreiben zu dürfen. »Aber ohne Absender«, stammelte sie glücklich errötend, »meine Brüder sind nämlich so neugierig.«

Mutti behauptet immer, sie habe sofort gewußt: Das ist der Richtige! So ist es kein Wunder, daß sich die beiden nach dem fünften Brieftausch bereits heimlich verlobten. Der sechste Brief meines Vaters war dann an den künftigen Schwiegerpapa gerichtet.

Er und Großmama fielen natürlich aus allen Wolken. Aber da sie den Dickkopf ihrer Tochter kannten...

Vaters Eltern waren ebenso überrascht, und Oma Suse rief zweifelnd: »Aber du kennst doch das Mädchen gar nicht!«

»Und ob ich sie kenne«, grinste Vater, der sich seiner Sache ebenfalls völlig sicher war.

Fünf Monate später waren sie bereits verheiratet! Die Hochzeit fand bei Urmama in Calbe statt, an einem lauen Herbsttag. Das im Park aufgenommene vergrößerte Foto mit den vielen Gästen hing zu Hause in Muttis Salon. Eine unserer Hauslehrerinnen, das ältliche und etwas beschränkte Fräulein Vollmer, die es eingehend studierte, fragte uns Kinder einmal erstaunt: »Warum seid ihr eigentlich nicht mit drauf?«

Mein Vater war ein Mann mit Temperament und Charme. Ich wäre vermutlich auch auf ihn hereingefallen! Außerdem hatte er viel Humor. Den brauchte er allerdings auch. Denn ihm wurden innerhalb von zehn Jahren fünf Töchter beschert. Ich war, wie schon erwähnt, Tochter Nummer fünf. Die Einladung zu meiner Taufe ignorierte mein Großvater, der es meiner Mutter, seiner Schwiegertochter, übelnahm, daß sie wieder keinen Erben zustande gebracht hatte.

Meine Mutter kränkte das sehr, aber mein Vater tröstete sie: »Wir werden es eben noch einmal versuchen!«

Das taten sie auch, denn das Rittergut sollte einen Erben haben. Doch es wollte partout nicht klappen.

Großvater starb darüber. Aus Gram oder aus anderen Gründen ließ sich nicht genau feststellen.

Zehn Jahre lang passierte nichts. Ich war in dieser Zeit Papas Liebling! Dann – für mich wie aus heiterem Himmel – bekam meine Mutter ein sechstes Kind! Wir jüngeren Geschwister wurden kurzerhand zum Rübenverziehen aufs Feld geschickt. Als wir abends dreckig und müde heimtrotteten, lag schon wieder ein Mädchen in der wappengeschmückten Wiege!

Teufel auch, was nun?

Meine Eltern pausierten zwei Jahre. Dann bekam meine Mutter tatsächlich Nummer sieben. Und? Ja, wirklich, einen Sohn! Das ganze Dorf stand kopf, und unsere Familie versank in einen Freudentaumel!

Nur ich war tief beleidigt. Erstens, weil man mich nicht davon unterrichtet hatte, daß wieder Nachwuchs anstand. Zum anderen war ich inzwischen zwölf Jahre, in einem Alter also, wo ich es ausgesprochen unanständig, ja geradezu pervers fand, daß so alte Leute wie meine Eltern noch miteinander schliefen. Schließlich war Mutti bereits Mitte Vierzig und Vater ging auf die Fünfzig zu. Nicht zu fassen! Was wohl meine Klassenkameradinnen in der nahen Kreisstadt zu dieser Ferkelei sagen würden?

Mein Vater war schon damals ein moderner Mann, denn er gab uns niemals das Gefühl, nur Mädchen zu sein. Im Gegenteil: Er war sehr stolz auf uns und sehr eifersüchtig.

»Töchter bedeuten Segen«, war seine ständige Rede, und er ließ niemanden im unklaren darüber, daß er diesen Segen für sich beanspruchte.

Junge Männer wurden bei uns nicht empfangen. Die Leutnants aus dem Garnisonsstädtchen Stendal, die ihre Visitenkarten abgaben, mußten sich wieder trollen. Uns schien das Los, als alte Jungfern zu sterben, gewiß. Aber das kratzte uns damals nicht.

Wir wuchsen auf wie die Blumen in unserem verwilderten Park. Frei und respektlos. Jedenfalls wuchs ich so auf. Meine älteren Schwestern behaupteten später, sie hätten gewaltigen Respekt vor unserem Vater gehabt. Und zwar immer dann, wenn er einen seiner Wutanfälle bekam.

Das passierte so etwa alle vier Wochen. Vater war sehr lebhaft und ungeduldig. Er war ein brillanter Gesellschafter und ein vollendeter Kavalier. Er besaß viele gute Eigenschaften und eine schlechte: Er war unbeherrscht!

Wenn er sich über irgend etwas geärgert hatte, und sei es über den lieben Gott, der für den verdammten Weizen keinen Regen schicken wollte, dann hallte seine plötzlich herrische Stimme über den Hof. Wir besaßen drei Hundehütten, die waren dann jedesmal besetzt – von meinen Schwestern! Und die armen Hunde irrten obdachlos im Zwinger umher.

Mich konnte mein Vater nicht sonderlich schrecken, wenn er losbrüllte. Es war so prickelnd und aufregend anzusehen – aus gebührender Entfernung, versteht sich! Doch als er einmal nachts seine Büchse aus dem Gewehrschrank riß und aus Zorn über die ständig bellenden Dorfköter fünf Schüsse in den unschuldigen Himmel abfeuerte, da glaubte auch ich an das Ende der Welt.

Aber meistens fand ich meinen Vater hinreißend. Er war so spontan, so ehrlich, so phantasievoll. Es war ein Abenteuer, mit ihm zu leben.

Ich war lange eine Vater-Tochter. Meine Mutter habe ich viel später entdeckt, eigentlich erst, als ich erwachsen war. Vorher wurde sie von meinem Vater verdeckt. Und da begriff ich, daß das Glück meines Vaters immer in ihren Händen gelegen hatte, in Händen, so zart und feingliedrig wie die eines Kindes. Ohne sie wäre er wenig gewesen. Nicht mein stolzer, fröhlicher Vater. Ein Landmann von der Wurzel her mit einer poetischen Seele.

Meine Eltern liebten einander aufrichtig. Eine Liebe,

die ein Leben lang anhielt. Sie hüllte meine Kindheit ein, sie wiegte mich abends in den Schlaf und ließ mich morgens ungeduldig erwachen. Sie half mir später, nicht unterzugehen, als das Leben mich in die Mangel nahm und immer neue Hindernisse vor mir auftürmte.

Meine Mutter wirkte wie ein dienend Weib. Sie war – wie es in der Bibel steht – ihrem Manne untertan. Für Außenstehende stand sie in seinem Schatten. Aber in Wahrheit war sie sein Licht.

DER VERHINDERTE SCHAUSPIELER

Mein Vater behauptete immer voller Stolz, er hätte sämtliche Internate Deutschlands mit seiner Anwesenheit beehrt. Das war natürlich stark übertrieben. Aber eine beachtliche Anzahl dieser Stätten hat er tatsächlich hinter sich gebracht.

Einmal stand unter seinem Zeugnis, mit dem er wieder abgeschoben wurde, die Bemerkung: »Immerhin könnte der Schüler mit seiner mäßigen Begabung Besseres leisten!«

Dabei zitierte er später mit Begeisterung große Teile Shakespearscher Dramen und ellenlange Passagen aus Goethes Werken auswendig, kannte alle Pflanzen in Feld und Wald mitsamt ihren lateinischen Namen und bestimmte jeden Vogel allein an seinem Gesang.

Er wurde als hervorragender Landwirt geschätzt, und sein Rat war in Fachkreisen sehr begehrt, zumal er sich für alle Neuerungen, alles Moderne in der Landwirtschaft einsetzte und sogar Maschinen erfand, die nach-gebaut wurden.

Aber am liebsten wäre er – trotz aller Passion für die Landwirtschaft – wohl doch Schauspieler geworden, was er uns Kindern ja auch oft genug zu unserer Begei-sterung demonstrierte!

Er ließ sich partout in keine Schublade pressen, lehnte Titel und Ehrenämter ab, was seinen Vater, meinen Großvater, sehr erboste, den achtbaren Dr. phil. Franz Wilke, ehemaliger Heidelberger Borusse, mit flotten Schmissen im Gesicht, der in der Altmark ein angese-hener Mann war, viele Ehrenämter bekleidete und in etlichen Ausschüssen und Gremien tätig war. Ihm konnte mein temperamentvoller, so vielseitig begabter Vater wohl kaum etwas recht machen.

Dabei hatte Großpapa als Jüngling auch nicht nur allein sein Studium im Sinn gehabt, wie glaubwürdig berichtet wurde.

Damals machte nämlich ein Naturheiler aus Radbruch in der Lüneburger Heide, der legendäre Schäfer Ast (1848–1921) gewaltig von sich reden. Er verstand sich sogar darauf, anhand von eingesandten Nackenhaaren verblüffende Ferndiagnosen zu stellen.

Na, das war ja etwas für die jungen bornierten Skepti-ker: für Großvater Wilke und seinen Freund, einen Medizinstudenten! Eilends besorgten sie sich aus der Pathologie der Uni ein Büschel Leichenhaare und sandten diese, mit Rückporto versehen, feixend an

Schäfer Ast. Was dem Naturapostel dazu wohl Kluges einfiele?

Die Antwort kam postwendend und lautete folgendermaßen: »Dem kann keiner mehr helfen. Gott sei seiner armen Seele gnädig!«

Großvater Wilke soll ziemlich dumm aus der Wäsche geguckt haben. Er sprach seit diesem Erlebnis voller Hochachtung von dem begnadeten Schäfer, der es dann selbst zum Großgrundbesitzer brachte.

Großvater Wilke ließ sich später immer wieder Leute kommen, die bei Schäfer Ast mit Erfolg behandelt worden waren und fragte sie genau aus. Wie auch den rheumatischen Gemeindeboten, der ihm gewichtig antwortete:

»Mei hät de Heiler Ast Mudderdroppen verschräwn. Ick bin reinewech wie neugeburn.«

Wie sich herausstellte, hatte er seine Mixtur mit der einer Wöchnerin verwechselt, deren Milchfluß nicht recht in Gang kam. Woraus wieder einmal zu ersehen ist, daß der Glaube Berge versetzt. Bleibt nur zu hoffen, daß der Wöchnerin auch solcher Erfolg beschieden war.

Mein Großvater war als Amtsvorsteher und stellvertretender Landrat auch oft bei Gerichtsverhandlungen anwesend, wo es zum Beispiel um Alimente ging, die er dann in unserem Dorf einzutreiben hatte.

Da war einmal ein junger, schmucker Bursche geladen, der nur Platt sprach und nicht recht zu kapieren schien, worum es eigentlich ging. Der städtische Richter verzweifelte schier ob dieser Begriffsstutzigkeit. Schließlich erbat Großvater das Wort, wandte sich an den Mann und sagte:

»He, Heinrich, de Lü säng'n, dät du de Wanda dick moakt hest?«

»Joa, dät heb ick«, klang es stolz.

»Aha!« sagte Großvater erleichtert über das rasche Eingeständnis und machte mit den Fingern die Bewegung des Geldhinblätterns: »Un wie is et nu doamet?«

»Och«, winkte der Typ großzügig ab, »da will ick nüscht fö hem! Dät wier ümsüss!«

Auf unserem damaligen Vorwerk Wilhelminenhof war ein Schweinemeister Müller, dessen Pflegetochter ebenfalls von einem Knecht geschwängert worden war, der sich, anstatt das Mädchen zu heiraten, verdünnisiert hatte.

Die Familie mitsamt der Betroffenen war natürlich erschüttert, und mein Großvater versprach dem alten Müller, dem Knecht tüchtig ins Gewissen zu reden, falls er wieder auftauchen sollte.

Eines Nachmittags kam ein aufgeregter Anruf vom Vorwerk:

»Herr Doktor, Herr Doktor, koam Se moal ganz bannig fix. De Hirsch ist werrer doa!«

Da wir in Schinne nur Rehwild im Revier hatten, glaubte mein Großvater, daß ein Hirsch aus der Letzlinger Heide zu uns herübergewechselt wäre, was hin und wieder vorkam.

Er sprang also mitsamt seiner Büchse in den Kutschwagen und jagte los, um sich das seltene Wunder anzusehen und vielleicht sogar zu erlegen.

»Müller, wo steckt der Hirsch?« rief er schon von weitem.

»Ewen wier he noch bei mei in de Schwienküch«, berichtete der Befragte eifrig. »Öwer jetzt is he bei de Lotte in't Schloapkoamer moakt. De bei harmoniern nämlich werrer ganz schauderhaft tosamm«, fügte er augenzwinkernd hinzu.

Großvater Wilke, sonst nicht auf den Kopf gefallen, soll eine ganze Weile gebraucht haben, bis er begriff, daß es sich bei dem besagten Knecht um einen Mann namens Hirsch handelte. Dann waltete er allerdings seines Amtes!

Vaters bester Freund hieß Hermann Rauchfuß. Beide hatten sich auf irgendeinem Internat kennengelernt, von dem sie allerdings binnen kurzem entfernt wurden. Und zwar deshalb, weil sie die Frau des Direktors außer Gefecht gesetzt hatten, die ihrer Ansicht nach eine humorlose, mißgünstige alte Schachtel war.

»Sie rannte noch dazu ständig in die Kirche und drohte uns Jungens mit dem Satan, der über uns käme, wenn wir nicht parierten«, so mein Vater. »Da faßten wir unsererseits den Plan, über sie den Satan kommen zu lassen und ihr einen gehörigen Denkzettel zu verpassen!«

Ihr gemeinsames Zimmer begünstigte dieses Unternehmen, denn es lag im ersten Stock direkt über der Haustür. Sie nahmen also ein Bettlaken und beschwerten es mit kleinen Steinen, die sie an vier Ecken einknoteten. Als die Olle eines Winterabends von einer Bibellesung nach Hause kam, ließen die Jungs es ausgespannt über sie gleiten, wobei sie ein tiefes satanisches Wehgeheul ausstießen. Der Erfolg war überwältigend. Frau Direktor ging, nachdem sie vor Schreck einen schrillen Schrei von sich gegeben hatte, unter dem Laken ohnmächtig zu Boden.

Ganz so dramatisch hatten sich die beiden ihre Reaktion zwar nicht vorgestellt, aber um so besser! Nun hieß es, das corpus delicti eilends verschwinden zu lassen, was auch gelang. Sie hatten nämlich zuvor ein langes Seil am Laken befestigt, das jetzt nach oben gezogen wurde.

Daß man sie nach gelungener Wiederbelebung trotzdem als Täter entlarvte, kam ihnen dann doch ganz gelegen. Immerhin waren sie tagelang in aller Munde, heuchelten den herbeizitierten Eltern gegenüber natürlich tiefste Reue und freuten sich über die schulfreie Zeit, denn es mußte ja erst wieder eine neue Bleibe gefunden werden.

Das Zimmer im nächsten Internat teilten sie mit Männe Bartenwerper, einem stämmigen Pastorensohn. Da waren sie schon in der Provinz, in Halle an der Saale, gelandet.

Männe durfte jeden Sonntag nach Hause fahren, weil sein Dorf in der Nähe lag. Er war ein vielversprechender junger Mann, der immer einen Teil der Kollekte, die er nach dem Gottesdienst einzusammeln hatte, für sich abzweigte. Und davon profitierten dann auch Vater Hennig und sein Freund Hermann, die er montags großzügig zu einem Glas Bier in die Kneipe einlud.

Doch Männe hatte eine merkwürdige Eigenart: Spätestens nach zwei Tagen verlangte er barsch sein Geld zurück: »Wenn ihr nicht zahlen könnt, müßt ihr eure Schuld abarbeiten!«

Er warf ihnen seine Dreckstiefel zum Putzen vor die Füße, verlangte, daß sie sein Bett machten, schrieb von Hermann, der ein Mathe-As war, schamlos ab.

Irgendwann war den Freunden das zu dumm, und sie besorgten sich selber ihr Bier, zumindest für ein paar Wochen.

Wer zuerst die Idee hatte, konnte später nicht geklärt werden. Zuzutrauen war es beiden. Sie klauten sich aus dem Schuppen des Kramladens, zu dem sie sich mittels eines Dietrichs Zutritt verschafften, fast täglich zwei Flaschen Bier.

Damit es nicht auffiel, brachten sie die beiden geleerten Flaschen immer wieder mit, die sie – igitt – mit Jauche aufgefüllt hatten, und stellten sie zurück in den Kasten.

»Jauche deswegen«, erklärte mein Vater und wollte sich noch nach Jahren totlachen,»weil die erstens braun ist und zweitens beim Öffnen auch so schäumt wie Bier!«

Da sie sich das Bier klugerweise aus den hinterst gelagerten Beständen einverleibten, ging die Sache eine ganze Weile gut. Bis ausgerechnet zum Lehrerjubiläum ein Jauchekasten angeliefert wurde.

Am nächsten Morgen wußte es die ganze Schule: Der Lehrkörper hatte sich mit Pisse vollaufen lassen! Dem ätzenden Chemielehrer, den alle haßten, mußte sogar noch nachts der Magen ausgepumpt werden, weil er gierig ein halbes Glas von dem köstlichen Naß in sich hineingeschüttet hatte.

Belohnungen wurden ausgesetzt, um die frevelhaften Täter zu fangen, die man natürlich unter den Schülern vermutete.

Diesmal wurden die beiden nicht geschnappt, auch wenn der Verdacht bestand. Es war ihnen einfach nichts nachzuweisen, zumal Männe, der Mitwisser war, klugerweise die Klappe hielt, da ihm nun seine Kulis wieder sicher waren.

Ich glaube, auf dieser Schule machten sie dann – inzwischen ziemlich bejahrt – mit Hängen und Würgen ihr Abitur.

Sie ließen sich zum Schluß übrigens noch einen herrlichen Gag einfallen, das heißt Herrmann war der Urheber.

Er hatte nämlich zufällig mitbekommen, daß der hübschen blutjungen Frau des ältlichen Apothekers, für die er heimlich schwärmte, die Gallenblase entfernt worden war.

Als die beiden an ihrem letzten Tag, ledig aller Sorgen, die Alte Promenade entlangschlenderten, kam ihnen besagte Dame mit ihrem Hündchen an der Leine entgegen.

»Na, wie geht's uns denn, Frau Süßmut?« fragte Hermann, verstellte ihr den Weg und lupfte galant den Hut. »Keine Probleme mehr mit der bösen Galle?«

»Nein, nein, es ist alles in Ordnung«, erwiderte die Dame und errötete. »Aber ich kenne Sie gar nicht. Woher wissen Sie eigentlich, daß ich an der Galle operiert worden bin?« wunderte sie sich.

»Aber das soll ich wohl wissen, liebe gnädige Frau«, erklärte Hermann lächelnd, wobei er genüßlich mit der Zunge schnalzte, »ich habe Sie ja schließlich operiert. Und mein Kollege hier«, er deutete auf Vater, »hat mir dabei assistiert.«

»Wie bitte«, klang es aufs höchste irritiert. »Aber ich... ich bin doch von Herrn Professor Dr. Andres persönlich operiert worden!«

»Ja, ja, das sagt er immer, der gute Herr Professor«, grinste Hermann. »Doch wir jungen Assistenten müssen ja schließlich auch mal ran. Wie sollen wir sonst unser Handwerk lernen, nicht wahr? Und sowie die Patienten dann in Narkose fallen, geht der Chef gemütlich frühstücken, und wir erledigen die Arbeit für ihn. Bei hübschen Damen wie Ihnen eine reine Freude! Na, und Sie sind ja wohl auch zufrieden mit meiner Arbeit, oder?«

Es soll einen ziemlichen Skandal in dem Städtchen gegeben haben. Aber da die angeblichen Mediziner wie vom Erdboden verschwunden waren, legte sich der Rummel langsam wieder. Doch Professor Dr. Andres mußte nach dieser Geschichte angeblich monatelang auf Privatpatienten warten.

Hermann Rauchfuß wurde später für einige Jahre Vaters Schwager, weil er nämlich eine seiner Schwestern ehelichte. »Da zwei Verrückte sich nicht zusammentun dürfen«, wie Vater immer wieder erklärte«, ging die Sache natürlich schief.

Die Männerfreundschaft lag jahrelang auf Eis, weil es Meinungsverschiedenheiten gab. Erst im Alter wurden die beiden erneut dicke Freunde.

Als die beiden bereits verlobt waren, hatten sie sich in den Kopf gesetzt, zum Schwäneschießen nach Zingst zu reisen. In der Jagdzeitschrift »Wild und Hund« hatte eine entsprechende Anzeige gestanden.

Gottlob trafen sie keine Schwäne an. Statt dessen erschien bei ihrem Jagdherrn, einem Gastwirt, der mehr Schulden als Haare auf dem Kopf hatte, der Gerichtsvollzieher, um seines Amtes zu walten.

Den jungen Männern tat der arme »Pleitegeier« leid, und sie luden den Gerichtsvollzieher erstmal zu Bier und Schnaps ein und machten ihn und den Gastwirt langsam sturzbetrunken. Ehe sie verdufteten, beklebten sie die Hilflosen mit sämtlichen Kuckucken, deren sie habhaft werden konnten, und zwar an Körperstellen, die man nur selten entblößt. Darauf legten sie die beiden in den Schweinekoben, wo sie ihren Rausch ausschliefen.

Später fuhren sie mit der Bimmelbahn quer durch Rügen. Onkel Hermann machte sich einen Spaß daraus, meinen Vater ständig flüsternd mit »Königliche Hoheit« anzureden, was Vater sich gespielt ärgerlich verbat. Natürlich wurden bald Reisende aufmerksam und tuschelten ihrerseits. Als Onkel Hermann einmal auf den Gang trat, folgte ihm sofort sein Platznachbar und fragte, was es mit dem rassigen, dunkelhaarigen Reisenden in dem flotten Lodenmantel auf sich habe.

»Ich darf es ja eigentlich gar nicht sagen«, flüsterte Hermann bedeutungsvoll. »Aber das ist doch Erzherzog Wladimir von Rußland. Er reist inkognito, und ich bin sein Adjutant und dafür verantwortlich, daß ihm nichts passiert. Seine Königliche Hoheit hat es sich nämlich in den Kopf gesetzt, auf dem Darß Schwäne zu schießen.«

Prompt stand an der übernächsten Station eine komplette Musikkapelle, der Bahnhofsvorsteher salutierte ehrerbietig, und das Volk rief: »Hoch lebe Erzherzog Wladimir!«

Vaters früh verwitwete Cousine Clothilde hatte zwei Töchter, Lisi und Monika. Die beiden Mädchen wurden oft von ihrer Mutter, einer couragierten und tatkräftigen Dame, die immer neue Unternehmungen startete, in Schinne bei Großmama abgeliefert. Sie waren unsere Spielgefährtinnen und genossen während dieser Zeit auch den Hausunterricht zusammen mit meinen Schwestern, was Abwechslung in den öden Schulalltag brachte.

Clothilde wurde damals in Schinne nur die »Narzisse« oder hinter vorgehaltener Hand drastischer »Luftschutzarsch« genannt. Das hatte seine Gründe, denn sie versuchte den Dörflern den Nazi-Zeitgeist beizubringen. Gottlob verschwand sie immer wieder von der Bildfläche, leitete Soldatenheime oder tat sich beim Roten Kreuz hervor, – es kehrte Ruhe ein. Doch wenn sie auftauchte und sich für Wochen in Schinne festsetzte, gingen die meisten Leute auf Tauchstation. Sie wollten mit diesen merkwürdigen Neuerungen nichts zu tun haben.

Einmal hatte sie beschlossen, das ganze Dorf zu einer Luftschutzübung mobil zu machen. Ort der Handlung war der kleine Platz am Kriegerdenkmal, wo sonst immer das Karussell aufgebaut wurde.

Da sich keine Freiwilligen meldeten – Schaulustige gab es genug –, wurden meine Schwester Frauke und das Hühnermädchen Elsbeth dazu bestimmt, ein von ihr entzündetes Feuer mittels Feuerpatschen (eine Art dichter Sack, der an einem Stiel befestigt war und ins Wasser getaucht wurde) auszulöschen.

Es war sehr komisch, und alle brachen in tosendes Gelächter aus, weil sich das Feuer durch die Wedelei erst so richtig entfachte. Und auch von Clothilde, die in Panik selbst Hand anlegte und wie wild auf die Flammen drosch, nicht zu löschen war. Was dann schließlich die herbeizitierte Feuerwehr besorgte.

Vater, der eine Nase für Kuriositäten hatte, pirschte sich, im angrenzenden Garten des Pastors vor Blicken verborgen, an den Ort des Geschehens heran und filmte mit seiner Schmalfilmkamera heimlich das Spektakel. So können wir uns noch heute bei Familienfesten an dieser und vielen anderen Begebenheiten ergötzen, die er damals einfing, denn alle seine Spulen wurden gerettet.

Zu Mutters Entsetzen filmte er, fortschrittlich wie er war, bereits 1940 die Geburt meiner jüngsten Schwester Dorothea. Das Band wurde von ihm »Kulturfilm« betitelt und war nur wenigen Auserwählten zugänglich, worauf Mutti ungewohnt energisch bestand.

Wir Kinder fanden es natürlich am schönsten, wenn er auf unsere Bitten einen Film verkehrt herum laufen ließ. Da sausten dann den Arbeitern die Kartoffeln aus den Körben wieder zurück aufs Feld, die Hunde rasten rückwärts, die Torte flog den Freundinnen beim Kindergeburtstag aus dem Mund und landete wieder auf dem Teller. Köstlich!

Beim Erntefest führte Vater immer einen Teil seiner Filme vor, und es war sehr wichtig, daß alle der etwa fünfundzwanzig Arbeiter eingefangen wurden und überhaupt jeder, der auf dem Hof irgendwelchen Verrichtungen nachging, sich dann auch leibhaftig zu sehen bekam. Das Gejuchze, besonders der Frauen und Kinder, war jedesmal sehr groß, wenn sie sich entdeckten.

Wir Geschwister ließen uns äußerst ungern filmen, rasten weg und versteckten uns, wenn Vater nur mit dem schwarzen Kasten nahte. Aber irgendwie erwischte er uns doch, wie mich als etwa Achtjährige mit einer riesigen Schmalz-Klappstulle, die bestimmt halb so groß war wie ich selbst. Ich hatte sie mir von Herta erbettelt, weil ich zu spät zum Tee gekommen und der Tisch bereits abgedeckt worden war. Sämtliche Hunde folgten mir bis in den hintersten Winkel des Parks, und ich brach Brocken für Brocken von der Stulle und teilte sie redlich unter uns auf.

Bis zum Beginn des Zweiten Weltkriegs etwa gab es noch richtige Erntefeste mit Remmidemmi und Tanz und neuen Kleidern, die wir geschneidert bekamen.

Die drei Erntekronen wurden von den Arbeiterfrauen kunstvoll geflochten. Am späten Nachmittag kamen dann alle feingemacht anmarschiert und überreichten sie Vater, der mit Mutti und uns Kindern, mit Großmutter Suse sowie angereisten Verwandten und dem Verwalter vor das Haus trat. Gedichte wurden aufge-

sagt, Reden geschwungen. Vater bedankte sich seiner-
seits mit einer kleinen Ansprache. Zum Schluß wurde
»Nun danket alle Gott« gesungen und Korn ausgeschenkt.

Dann ging es los zur Gastwirtschaft Rehberg, wo im
Saal schon die Tische aufgestellt waren. Eine Musikkapelle spielte, es gab Berge von Kuchen und Freibier
und Schnaps.

Wir Kinder übten jedesmal mit der Hauslehrerin irgendein Theaterstück ein. Ich trat auch auf, hatte aber
meistens äußerst unbefriedigende stumme Rollen, was
mir gründlich mißfiel.

Als ich zehn und gerade Fahrschülerin geworden war –
Hausunterricht gab es gottseidank für mich nun nicht
mehr –, brachte mir eine Klassenkameradin, die aus
dem Ruhrgebiet stammte, ein tolles Gedicht bei, das
ich, in ein altes Ballkleid gehüllt, stolz zum Besten gab.
Ich habe den Text bis heute nicht vergessen, so sehr
beeindruckte er mich und die lauschenden Arbeiter
damals:

»Ist sich abends, dunkler Zimmer.
Drinnen leise Uhra tickt,
Und das Mond mit bleichem Schimmer
Nächtlich durch das Fenster blickt.
Drinnen sitzt des Bergmanns Töchterlein,
Das sich wartet wie immer auf Vater,
Der sich gegangen ins Dorf hinein.

Horch, was poltert dem Treppe rauf?
Auf einer Bahre trägt man ihr den Vater heim.
Ist sich doch nicht tot?
I, Gott bewahre: Ist sich besoffen wie ein Schwein!«

Ich erntete tosenden Beifall! Die Überraschung war
perfekt. Nur Mutter war erschüttert, knöpfte sich später die arme Hauslehrerin vor, die natürlich total
ahnungslos war und schließlich heulte.
Ich hatte kein Mitleid mit ihr. Warum hatte sie mich
auch wieder nur mit irgendeiner albernen Nebenrolle
abgespeist, die ohnehin nicht im Rollenbuch vorgese-
hen war.
Da sie gleich nach dem Erntefest abreiste, trauerte ihr
niemand nach.

TRITTST DU IN EIN GESCHÄFT
HINEIN ...

Weil das Geld ständig knapp war, legten sich meine Eltern kurzerhand einen gut florierenden Nebenerwerb zu: eine Geflügelzucht mit Brüterei.

Im Souterrain des Gutshauses wurden drei Brutapparate aufgestellt, die im Frühjahr die Küken ausspuckten: plustrige Rhodeländer und schlanke Italiener. War das ein Gepiepse und Gewimmel, ehe die Viecher in Kartons verpackt ihre Reise in die Welt antraten!

Junghennen und Masthähnchen wurden ebenfalls verkauft. Einmal ging eine Sendung auf den Obersalzberg zum Führer, was mich in Aufregung versetzte, weil ich zu gerne mitgereist wäre, was mir mein Vater leider auszureden wußte. Hatte ich doch in meiner Fibel ein wunderbares Bild von ihm entdeckt, mit einem Rehkitz auf dem Arm und einem kleinen Mädchen an der Seite.

»Unser Führer, ein Kinder- und Tierfreund« stand

darunter. Ich hätte viel darum gegeben, ihn kennen-
zulernen!

Damals hatten wir einen Aushilfslehrer in der Dorf-
schule, einen wilden Nazi aus Darnewitz. Unser übli-
ches »guten Morgen« oder »guten Tag« fand er un-
zeitgemäß. Bei ihm lernten wir zackig den deutschen
Gruß brüllen: »Heil Hitler!«

Mir gefiel das sehr gut, es war endlich mal etwas
anderes!

Er erkundigte sich einmal barsch bei uns, ob wir auch
alle arisch seien, worauf keiner so recht eine Antwort
wußte. Was ist überhaupt arisch?

Werni Nehl, der Bruder unseres Küchenmädchens,
schrie schließlich, indem er mit dem Finger auf mich
zeigte: »Die ist adelig!«

Vielleicht gab sich der Lehrer ja damit zufrieden.

Ich wies das energisch von mir: »Ist gar nicht
wahr!«

Doch Werni, der mir nicht verzeihen konnte, daß ich
ihm kürzlich einen Griffelkasten auf den Kopf gedon-
nert hatte, beharrte darauf: »Wohl wahr, ihre Mutter
hat blaues Blut! Das weiß ich von meiner Schwester.«

»Aha!« sagte Kantor Wolter heftig, als hätte er mich
bei einer strafbaren Handlung ertappt.

»Aber mein Vater hat rotes«, rief ich. »Ich hab's genau
gesehen, gestern, als er sich am Stacheldraht von der
Koppel verletzt hat.«

136

»Dann hast du bestimmt lilanes«, feixte Werni. »Guk-
ken Sie doch mal nach, Herr Lehrer!«

Ich war froh, daß die Stunde zu Ende war. Dieser
Pauker hätte es womöglich fertiggebracht, mich kurz-
weg anzustechen.

Aber interessiert hat es mich doch ein bißchen. Also
fragte ich Brigitte, die ich in gnädiger Stimmung erwischte.

»Als ob du das nicht selber wüßtest, wo du dauernd
offene Knie hast«, erklärte sie. »Kommt da etwa lila
Blut raus?«

»Nee, rotes. Aber Mutti, was kommt bei der?«

»Auch rotes! Man nennt die Adligen nur blaublütig,
weil sie so leicht frieren!«

Das leuchtete mir ein, denn Mutti war es ständig zu
kalt in unserem großen Haus mit den hohen Zimmer-
decken.

»Übrigens bin ich verdammt froh, daß Mutti unseren
Vater geheiratet hat und nicht ihren adligen Vetter, der
scharf auf sie war«, hörte ich Brigitte fortfahren, die in
Biologie wohl gerade die Vererbungslehre durchge-
nommen hatte. »Sonst wäre eine von uns garantiert
plemplem und obendrein meschugge geworden«, wobei sie mich durchdringend musterte, als hätte natürlich mich dieses schlimme Schicksal ereilt.

»Wieso denn?« fragte ich und verstand gar nichts.

»Na, weil der Adel oft total degeneriert ist und frisches
Blut braucht«, dozierte sie überlegen. »Die haben

nämlich fast alle ihren Haustrottel in der Familie. Und das ist uns durch Vaters gesundes Blut gottlob erspart geblieben, kapiert?«

»Nee«, sagte ich und begriff nicht, warum das mit dem Haustrottel nur auf den Adel zutreffen sollte. Schließlich liefen bei uns im Dorf mindestens fünf geistig minderbemittelte Deppen herum, mit denen ich auf bestem Fuße stand. Aber dieser vorgebrachte Einwand fruchtete nicht.

»Tja«, kam es listig, »das wiederum nennt man ländliche Inzucht, doch das verstehst du mit deinem beschränkten Wasserkopf ja sowieso noch nicht!«

»Selber Wasserkopf!« konterte ich und trollte mich.

Kanter Wolter aber wich am nächsten Tag bleich hinter sein Katheder zurück, als nämlich Willy Winkelberg, ein stämmiger Kleinbauer, ohne anzuklopfen in den Schulraum gestürmt kam.

»Das will ich Ihnen sagen«, schrie er und fuchtelte furchterregend mit den Fäusten. »Was fällt Ihnen ein, meine Tochter so eine Schweinerei zu fragen? Ob wir im Arsch sind? Wir sind nicht im Arsch. Wir sind anständige Leute. Merken Sie sich das gefälligst!«

Als ich in der Pause mit Friedchen Winkelberg Ringelrangelrose spielte, kam Kanter Wolter, noch immer etwas blaß um die Nase, vorbei, lächelte undurchsichtig und fragte mich: »Du spielst mit einem Judenmädchen?«

Zu Hause war das Gelächter groß, als ich das Vorgefallene mühsam rekonstruierte. Mutti klärte mich dann erstmal auf, was es mit »arisch« auf sich hatte. Dabei erfuhr ich dann mit Staunen, daß auch ich jüdisches Blut in den Adern hatte. Durch eine Ahnin Rachel Levin, verheiratete Varnhagen von Ense (1771–1833), die durch ihren Berliner Salon und ihre berühmten Briefe noch heute in der Literaturszene unvergessen ist.

Mein Großvater als preußischer Offizier hatte seinerzeit sogar einen Regimentskameraden zum Duell gefordert, von dem er sich durch eine abfällige Bemerkung über die Juden seiner jüdischen Vorfahrin wegen beleidigt fühlte. Da der jedoch kniff, kam die Ehrenrettung mit Pistole nicht zustande.

Aber zurück zu Kanter Wolter, der uns auch allerlei Verhaltensweisen einschärfte, zum Beispiel diese: »Trittst du in ein Geschäft hinein, so soll dein Gruß Heil Hitler sein!«

Da ich mit Geschäft nur Hundeschiete in Verbindung brachte, warf ich meinen Arm hoch und kreischte »Heil Hitler!«, als mein Onkel einmal versehentlich auf dem Hof in einen Haufen trat.

Die Verblüffung war immens! Er und Vater, der danebenstand, starrten mich zunächst an, als sei ich nicht ganz richtig im Kopf, worauf ich stolz erklärte: »Na ja! Wenn man in ein Geschäft tritt, wird Heil Hitler gerufen! Das haben wir bei Kantor Wolter gelernt.«

Ich habe erst Jahre später begriffen, wieso die beiden

fast keine Luft mehr bekamen vor Vergnügen. Schließlich hatte ich ja von Mutti oft genug gehört, die auf Kriegsfuß mit unseren vielen Hunden stand, daß einer mal wieder sein »Geschäft« in der Diele gemacht hatte.

Aber das Lachen verging den beiden Männern sehr bald, als ich nämlich in eine Herrenrunde mit dem Pastor und unserem Organisten platzte und mich folgendermaßen produzierte: »Der Westwall issen Scheißwall! Heil Moskau!«

Diesmal folgte zunächst Totenstille.

»Was issen los?« Ich ahnte Trübes. »Ute und Brigitte haben mir das beigebracht«, petzte ich munter drauflos.

Als dann doch gequältes Lachen folgte, war ich heilfroh.

Vater nahm mich abends beiseite und erklärte ernst, daß solche törichten Äußerungen am falschen Ort sehr gefährlich sein könnten, selbst für ein Kind.

»Und vor allen Dingen fallen diese Reden auf deine Eltern zurück«, schloß er streng.

»Aber warum?« fragte ich verständnislos. »Ute und Brigitte haben mir gerade heute erzählt, daß ein Uropa von dir russischer General war und daß wir stolz darauf sein könnten und darum nicht Heil Hitler, sondern Heil Moskau sagen müßten. Und das mit dem Westwall, der in Wirklichkeit ein Scheißwall ist, das hast du doch selbst gestern abend Mutti erzählt.«

»Himmel, hast du das etwa gehört?« rief mein Vater erstaunt.

»Klar doch«, erklärte ich stolz. »Ich bin aufgewacht. Und da hast du nebenan in der Anziehstube ganz laut mit Mutti gesprochen.«

Vater war zur Jagd bei seinem Freund und Nachbarn, dem Major von Rundstedt, gewesen. Dessen Vetter, der spätere Generalfeldmarschall Karl Gerd von Rundstedt war ebenfalls anwesend, und Vater hatte ihn später im Haus zur vorgerückten Stunde gefragt, was er denn von dem so hochgepriesenen Westwall hielte.

Seine kurze und bündige Erwiderung war gewesen: »Der Westwall? Ein Scheißwall!«

Vater sagte später immer, daß durch diese vernichtende Antwort ein zu befürchtender Krieg für ihn schon damals als aussichtslos gegolten habe. Denn er traute dem Urteil dieses erfahrenen Soldaten restlos.

»JA, SEID IHR DENN NICHT REICH?«

Da ich Papas Liebling war, jedenfalls die ersten zehn Jahre meines Lebens, denn dann stellten sich die beiden bereits erwähnten Nachkömmlinge ein, ließen mich meine älteren Schwestern aus Rache gern ins Messer laufen. Die Löwe-kommt-Arie war nur einer der fiesen Anschläge. Was zur Folge hatte, daß ich oft schon mörderisch schrie, wenn ich im Park ihrer nur ansichtig wurde. Jedenfalls betraf das Ute und Brigitte. Ursel und Frauke gingen humaner mit mir um.

Die beiden anderen nannten mich prinzipiell nur »Wasserkopf« oder »Schielauge«, hängten sich rechts und links an mein hübsches Häkelkleid, das einzige, was nicht geerbt war, sondern von Patentante Nanni geschenkt. Der Erfolg war natürlich, daß es bald bis auf die Erde schlappte. Ein Vorteil dabei war allerdings, daß ich die Brennesseln an den Beinen nicht so spürte, mit denen sie mich zu dreschen pflegten, wenn ich nicht so wollte wie sie. Und Brigitte machte sich einen besonderen Spaß daraus zu verkünden: »Ich hacke dir den Kopf ab und trinke dein Blut mit Zukker!«

Daß ich trotz dieser Torturen ein wildes, fröhliches Kind blieb, grenzt an ein Wunder. Vielleicht weil ich Vater im Rücken hatte, der zumindest das Kopfabhakken verhindert hätte!

Trotzdem entwich ich oft ins Dorf, besonders, wenn das Kettenkarussell gekommen war. Einmal Fahren kostete fünf Pfennig, die ich natürlich nicht hatte. Aber das Ding wurde noch nicht elektrisch betrieben, sondern mit Muskelkraft. Zu viert mußte man in den dunklen Schacht kriechen und eine Art Drehkreuz bedienen, das voller Wagenschmiere war. Dreimal schieben, einmal Freifahrt!

Ich war natürlich mit dabei. Als der Besitzer mich aussortieren wollte, ich dünkte ihm wohl nicht kräftig genug, sagte meine Schulfreundin Tutti Röhlecke fassungslos: »Öwer de is doch vant Ridderjot!«

Ich sehe noch heute das Gesicht des Typen vor mir, als er mich zunächst eingehend musterte und dann ratloserstaunt fragte: »Tatsächlich vom Rittergute?« Und als ich verschämt nickte: »Ja, seid ihr denn nicht reich?«

Nee, das waren wir wirklich nicht! Aber einmal, ich war fünf, gewann Vater in der Lotterie! Ich glaube tausend Mark! War das eine Aufregung!«

Wir reisten daraufhin mitsamt Mamsell und Kindermädchen nach Borkum, wo wir an der Strandstraße ein Ferienhaus mieteten.

Wir hatten ein ganzes Zugabteil für uns. Aber Herta, die füllige Mamsell, paßte trotzdem nicht hinein, zumal sie einen riesigen Topf mit Kartoffelsalat und Würstchen im Gepäck hatte. Sie mußte nebenan sitzen, und wir pendelten ständig zwischen den Abteilen hin und her, um uns satt zu essen. Auf dem Dampfer ging ich prompt verloren, weil ich mich selbständig machte. Irgendein Mann nahm sich schließlich meiner an, der mir Zitronensprudel spendierte.

Vater geriet in Panik, er beschimpfte Mutti, das Kindermädchen und die Schwestern. Er dachte, ich sei womöglich über Bord gegangen. Schließlich entdeckte er mich auf dem Männerklo, das ich in Unwissenheit betreten hatte, um den ungewohnten Sprudel wieder loszuwerden.

Auf Borkum lernte ich dann das Biertrinken! Jeden Abend durfte ich Vater, der zu Hause nur Wein trank, nach dem Abendbrot auf ein frischgezapftes Pils begleiten. Ich saß dann neben ihm, beobachtete das Leben und Treiben auf der Promenade, immer mal wieder an seinem Glas nippend, und war glücklich.

Wenn er mich zum Abschluß unserer Unternehmung auch noch an seiner Zigarre ziehen ließ und dann auf seinen Schultern heimtrug ins Ferienhaus, fühlte ich mich wie im Himmel!

Dieser Borkumaufenthalt war die einzige Urlaubsreise, den die ganze Familie zusammen unternahm. Sie ist mir unvergessen!

Die Glasveranda, in der wir aßen, der Papagei, der im Nachbarhaus am Fenster saß und zeterte. Herta im Badeanzug, aus dem das Fett nach allen Seiten herausquoll. Der ständige Wind, der die Fahnen am Mast knattern ließ, der Geruch von Salz und Meer.

Einmal goß es. Vater und ich waren allein am menschenleeren Strand. Wir hockten im Strandkorb und lauschten auf das Rauschen des Regens, beobachteten eine Schar Möwen, die sich um einen angeschwemmten Fisch stritt, staunten über die Wellen, die gischtsprühend auf den Sand klatschten, und lutschten Salmiakpastillen, die wir uns auf den Handrücken geklebt hatten.

Als wir nach drei Wochen wehmütig heimfahren wollten, fand Vater doch tatsächlich beim Packen hundert Mark in seinem Anzug, worauf wir noch drei Tage blieben. Herrlich!

Kinder dürfen schissen ...

Als der Krieg begann, war ich neun. Wir saßen beim Frühstück, und alle redeten durcheinander. Ich hatte große Angst, weil ich dachte, die Schießerei würde jeden Augenblick losgehen. Als auch in den folgenden Tagen nichts passierte, beruhigte ich mich wieder.

Er war ja so himmelweit weg, der Krieg! Polen, wo lag das überhaupt? Nur, daß immer mehr Männer eingezogen wurden, gefiel mir nicht. Und unsere vier besten Kutschpferde nahmen sie uns auch einfach weg. Das war für mich am schlimmsten!

Vater wurde nicht Soldat. Ein großes Glück für uns. Er war im Ersten Weltkrieg als Freiwilliger rausgegangen, dann aber bald ausgemustert worden, weil er ein Nierenleiden bekam. Im Zweiten Krieg wurde er freigestellt, mußte außer unserem Gut das der Schwiegermutter in Calbe bewirtschaften, weil Muttis Bruder eingezogen war.

Dadurch durften wir unser Auto behalten und bekamen Benzingutscheine, denn Calbe lag fast dreißig Kilometer entfernt. Das war sehr vorteilhaft, weil wir natürlich auch mal woanders hinkutschierten, zum Beispiel nach Arendsee.

Als ich zehn wurde – der Frankreich-Feldzug war gerade siegreich beendet – legte ich mir einen unbekannten Soldaten zu. Er hieß Hermann und war ein Bergmann aus Oberhausen.

Wir schrieben uns lange Briefe. Ich backte Kekse für ihn, erbettelte im Dorfladen eine Schachtel Zigaretten, packte alles in einen wunderschönen blauen Karton, den ich auf dem Boden entdeckt hatte, und schnürte ihn sorgfältig zu.

Stolz zeigte ich den Schwestern mein Werk. Doch die wollten sich totlachen vor Vergnügen. Selbst Erni, das Hausmädchen, brach in prustendes Gelächter aus. Ich war wie vom Donner gerührt, denn keine dieser infamen Gänse wollte mich über den Grund der Heiterkeit aufklären.

Bis Mutti mir schließlich umständlich klarmachte, daß es sich bei dem hübschen blauen Karton um eine leere Camelia-Packung handelte und welche Bewandtnis es damit hätte. Ich begriff trotzdem nicht, wieso ich alles umpacken sollte. Aber wenigstens wurde ich dadurch beizeiten über gewisse Körperfunktionen aufgeklärt, und es erging mir nicht wie meiner armen, total ahnungslosen ältesten Schwester, die bereits ihren Tod vor Augen sah, weil sie glaubte, verbluten zu müssen.

Nicht zu begreifen, daß Eltern damals die normalsten Dinge derart tabuisierten! Als ich das männliche Baby unseres Pastors äußerst interessiert näher begucken wollte, weil ich noch nie einen Piephahn gesehen hatte, deckte die junge Frau das Kind verschämt zu. Ich war irritiert, vermutete eine Krankheit bei dem armen Gör, weil ich den wurmartigen Kringel für abnorm hielt.

Als Hermann mich eines Tages fragte, ob ich ihm nicht eine meiner älteren Schwestern als Briefpartnerin anvertrauen wollte, er drückte sich tatsächlich so behutsam aus, grollte ich ihm innerlich doch ein bißchen. War ich ihm etwa zu jung mit meinen inzwischen elf Jahren?

Frauke zeigte Interesse. Doch es kam nicht mehr soweit, denn der Brief, der meine Einwilligung enthielt, war plötzlich wieder da. Er trug den Vermerk: »Gefallen für Großdeutschland!«

Und dann fanden immer mehr dieser Briefe den Weg in unser Dorf. Und Postbote Holz wurde nur noch mit Grauen von den Familien erwartet, die Vater, Ehemann oder Sohn im Felde hatten. Und das waren die meisten.

Früher war er ein gern gesehener Bote in den Häusern gewesen, eine Art lebendiges Nachrichtenmagazin, denn er nahm das Briefgeheimnis nicht sonderlich ernst und erfuhr auch sonst eine Menge Neuigkeiten. So unterrichtete er die Leute oft schon von weitem über den Inhalt ihrer Post und rief zum Beispiel bedauernd: »Tante Erna ist dot. Hätt sick nich länger quälen brukt. Beerdigung is Donnerstag!« Oder: »Lisbeth kümmt nich noa Hus. Se hät 'n Wittmann kennenliert.« Oder: »Korl sit in Kittchen, he hät klaut!« Und dann bekam er Kaffee oder Schnaps oder beides, wodurch sich seine Mission oft über Stunden hinzog.

Das wurde Vater irgendwann zu bunt, und er ließ unsere Post vom Hausmädchen in einer uralten Ledermappe, die sogar verschlossen werden konnte, abholen.

Seinen Hasen bekam Holz zu Weihnachten trotzdem, wahrscheinlich, weil er sich auf Jagden als begeisterter Treiber hervortat.

Ich fand den Postboten deshalb höchst interessant, weil er einen weithin sichtbaren Höcker mitten auf dem Kopf hatte, eine Art Grützbeutel, von dem Vater behauptete, daß es eine Rarität sei.

»Was issen das?« fragte ich ihn verwundert.

»Ja, weißt du das denn nicht?« tat er geheimnisvoll.

»Das ist ein Kokon. Da schlüpft im Sommer ein Schmetterling aus!«

»Ein Schmetterling?« Ich war begeistert.

»So ist es! Ein Trauermantel oder Admiral! Vielleicht auch eine total neue Spezies!«

Ich machte prompt sämtliche Freunde mobil. Und bereits am ersten Ferientag verfolgten wir den guten Mann bis in den letzten Winkel des Dorfes, um ja das wunderbare Ereignis nicht zuverpassen.

Er verscheuchte uns schließlich empört. Vater räumte abends ein, daß er sich womöglich geirrt hätte, wobei er ein amüsiertes Grinsen nicht unterdrücken konnte. Mutti schüttelte den Kopf: »Was hast du dem Kind wieder für einen Unsinn erzählt!«

Da Vater ein passionierter Jäger war, durften auch wir Kinder frühzeitig mit dem Tesching nach der Scheibe schießen. Dazu war im hinteren Teil des Parks eine Vorrichtung aufgestellt.

Als er, wie jedes Jahr, zur Kur nach Bad Wildungen reiste, wohin Mutti ihn begleitete, hatte er vorher angeordnet, daß nur die Großen während seiner Abwesenheit schießen durften.

Ich war darüber tief gekränkt und schrieb ihm achtjährig einen Brief, den ich noch heute besitze, weil Vater ihn immer in seiner Brieftasche trug. Er lautete:

»Lieber Vater! Christel will uns nicht schissen lassen. Ute und ich weinen schon immer. Brigitte darv nur schissen. Du hast doch gesagt, wir sollen schissen. Jeden Tag darv nur Brigitte und wir nicht. Christel hat gesagt, du hast gesagt, wir dürfen nicht schissen. Schreibe uns, ob wir schissen sollen!«

Worauf am nächsten Tag ein Telegramm eintraf: »Kinder dürfen schissen!«

Kleiner Bruder – grosse Sorgen

Als sich der Freudentaumel um meinen so herbeigesehnten Bruder gelegt hatte, wurde bald festgestellt, daß er organisch nicht ganz gesund war.

Die Eltern reisten mit dem kleinen Kerl von Kapazität zu Kapazität. Dann wurde ihm in Berlin von einem berühmten Professor im Eilverfahren eine Niere entfernt, die den ganzen Körper zu vergiften drohte.

Damals hatten gerade die Luftangriffe auf die Hauptstadt begonnen. Wir alle bangten um Hans-Hennig und unsere Mutter, die natürlich die ganze Zeit in seiner Nähe war.

Gottlob war alles rasch überstanden, und der Junge fühlte sich wie neugeboren. Seine Eltern und Geschwister ebenfalls!

Ehe er dann nach Schinne zurückkam, ging's erstmal zur Großmama nach Calbe, weil bei uns gerade die Masern grassierten. Aber wir durften ihn wenigstens von weitem bei Oma im Park beobachten, wo er auf wackligen Beinchen noch unsicher erste Entdeckungsreisen machte.

Da Stendal Eisenbahnknotenpunkt war, fielen auch bei uns in der Gegend bald die Bomben. Einer der Keller im Haus wurde als Luftschutzraum umfunktioniert und mit einem Notausgang zum Park versehen.

Oft überflogen Geschwader um Geschwader alliierter Flugzeuge unser Gebiet, um über Berlin ihre grausige Fracht abzuladen.

Ich habe noch heute das monotone Brummen im Ohr, das oft stundenlang anhielt. Stand der Wind entsprechend, hörten wir die Einschläge, das Bellen der Flak, sahen den Himmel sich langsam rot färben. Dann kam das Brummen zurück, schneller, unregelmäßiger. Schließlich war der Spuk vorbei. Erleichtert sanken wir ins Bett.

Vater und die Großen hielten sich sowieso meistens nicht im Keller, sondern im Freien auf, beobachteten von der Kirschallee aus den Himmel.

Einmal jedenfalls, ich weiß nicht, warum er vergessen wurde, zerrte ich Hans-Hennig ahnungsvoll aus seiner Wiege und raste mit ihm im Arm in den Keller. Kaum dort angekommen, krachte es schon gewaltig. Die Wände wackelten, und sämtliche Mistbeetfenster im Garten gingen zu Bruch!

Auf dem Acker hinter dem Hof waren drei Sprengbomben runtergegangen und hatten tiefe Krater gerissen, die am nächsten Tag vom ganzen Dorf staunend besichtigt wurden.

Von da an achtete selbst Vater darauf, daß wir bei Alarm den Keller aufsuchten, indem er einfach nachzählte. Fehlte jemand, wurde lauthals nach ihm gebrüllt, bis er schmollend auftauchte.

In diesem Zusammenhang fällt mir die Geschichte von Wichardchen ein, dem jüngsten Sproß einer noch größeren Familie als unserer.

Vaters Jagdfreund, ein Baltendeutscher, der bei uns in der Nähe ein Gut hatte, erzählte sie ihm im schönsten Baltisch:

»Ich lag«, sprach er, »bereits im tiefsten Schlaf. Plötzlich, da höre ich die Stimme des Nachtwächters aus dem Park heraufschallen: ›Herr Baron! Herr Baron!‹ ruft er immer wieder. ›Was ist los?‹ frage ich schließlich verdrießlich, nachdem ich ans Fenster jetreten war. ›Warum mußt du mich aufwecken mitten in der Nacht?‹

›Sie werden entschuldigen, Herr Baron. Es ist ja nur wegen dem Wichardchen! Das Jungchen schläft in seinem Wägelchen unter der alten Eiche im Park. Ich möchte, bitte schön, fragen, ob die Frau Baronin ihn dort womöglich verjessen hat?‹«

So war es tatsächlich gewesen! Aber der Knabe, den ich später kennenlernte, hatte keine gravierenden Schäden davongetragen.

Auch die Polvitzer Alvenslebens, die in der Letzlinger Heide ein Waldgut besaßen, übertrafen uns noch mit ihrer Fruchtbarkeit! Sie hatten neun Kinder, und wir lernten sie kennen, als ihre älteste Tochter, Brigitte, bei uns Geflügelzuchtslehrling wurde. Unsere Brigitte, die im selben Alter war, freundete sich sofort mit ihr an, und die beiden waren bald unzertrennlich.

Mein Pendant war Hilka, die eigentlich Mechthild-Karin hieß. Ich besuchte sie gerne in Polvitz, denn ich fand, daß da noch mehr los war als bei uns.

Hilka hatte Milchziegen, die an langen Seilen auf der Wiese angepflockt wurden, sich oft losrissen und sonstwo hinliefen, was dann Ärger gab. Außerdem hatte sie einen ihr total ergebenen Freund, einen hektisch-betriebsamen Arbeiterbengel, der mich als Eindringling empfand und den ich nur »Arschkeks« nannte, was sich zum Entsetzen von Frau von Alvensleben rasch einbürgerte.

Dann war da Mucki, das Pony, und Merkur, ein zierlicher Apfelschimmel. Wir ritten barfuß ohne Sattel wie die Tataren durch die Heide. Mitten im Wald stand ein großer Holzturm, trigonometrischer Punkt nannte sich das. Mit Telefon zur Försterei versehen, um eventuelle Brände melden zu können.

Einmal, als es sehr warm war, banden wir die Pferde unten an, stiegen die vielen Leitern hinauf und sonnten uns splitternackt. Anschließend ließen wir die Klamotten aus Quatsch von oben herunterflattern!

Meine Bluse wehte Merkur direkt auf den Kopf und verfing sich in seinen Ohren. Der Gaul wurde natürlich wild, riß sich los und jagte davon. Gefolgt von Mucki, die ihm auf den Fersen blieb, preschten die Pferde zurück in den Stall.

Wir mußten erstmal unsere Sachen einsammeln, die zum Teil in den Bäumen hingen, und uns anziehen. Barfuß trotteten wir dann zum Hof zurück, wo uns Gott sei Dank niemand vermißt hatte.

Das war toll an Polvitz: Es fiel nicht so rasch auf, wenn jemand fehlte. Dazu gab es einfach zu viele Kinder in der Familie.

Der Torfstich, ein Badeteich, der zum Gut gehörte, bot ebenfalls herrliche Vergnügungen, zumal ein Floß darin lag, mit dem man zur Märcheninsel hinüberrudern konnte, auf der eine geheimnisvolle Hütte lag.

Eine alte Kapelle stand im Park, in der sonntags Gottesdienste abgehalten wurden. Da die Tür nicht richtig schloß, jagte Tippi, der Dackel, einmal während einer Predigt eine verängstigte Katze mehrmals durch die Stuhlreihen, was niemanden sonderlich aufregte. Der Pastor legte lediglich eine kleine Pause ein. Ich aber hatte Mühe, nicht loszuprusten, so witzig fand ich das.

Auch bei den Alvenslebens hieß der jüngste Sproß Wichard, der damals vier oder fünf Jahre alt war. Als er sich bei uns im Garten mit Erdbeeren so vollgestopft hatte, daß sie ihm fast aus den Ohren wieder herausquollen, stellte Vater auf seine Art amüsiert fest:

»Na, Wichard, du siehst ja aus wie ein Kannibale, der gerade einen Missionar verspeist hat!«
Was Wichard mir nach über vierzig Jahren – so lange hatten wir uns nicht gesehen – lachend erzählte.

KURIOSES AUS DER NACHBARSCHAFT

Unsere geografisch nächsten Gutsnachbarn waren die schon erwähnten Rundstedts. Meine Eltern waren innig mit Tante Wanda und Onkel Hans befreundet, der in der Gegend nur mit »Herr Major« angeredet wurde und eine besondere Persönlichkeit war! Sein Bursche aus dem Ersten Weltkrieg, der Stutzer hieß, folgte ihm wie ein Schatten, er war Diener und Chauffeur zugleich.

Manchmal setzte sich Onkel Hans selbst ans Steuer. Vater, der damals noch kein eigenes Auto besaß, fuhr mit. Der gut dressierte Stutzer saß dann hinten auf dem Rücksitz. Eines Tages kam Onkel Hans nicht recht in Fahrt. Der Wagen röhrte und stank gottsjämmerlich, wie Vater später berichtete, und er kroch nur so dahin. Schließlich wandte sich Onkel Hans konsterniert zu seinem Burschen um: »Was ist los mit dem Auto, Stutzer? Warum schleichen wir wie die Schnekken durch die Gegend?«

159

»Das kommt«, antwortete dieser gemessen, »weil Herr Major die Handbremse noch angezogen haben!«

Ein anderes Mal fuhr er auf einen mit Erdbeerkörben beladenen Pferdewagen auf, die sich als rote Masse auf die Straße ergossen.

Wutschnaubend kam der Besitzer angeschossen, um ihn zur Rede zu stellen. Doch dann stutzte er, nahm Haltung an und rief hocherfreut: »Das sind ja Herr Major!«

Es war ein ehemaliger Feldwebel seines Regiments! Die beiden setzten sich an den Straßengraben und unterhielten sich angeregt über alte Zeiten. Die Idylle wurde erst gestört, als eine alarmierte Ambulanz angerast kam, weil der Fahrer eines vorbeifahrenden Wagens ein Blutbad vermutet hatte.

Rundstedt inspizierte immer hoch zu Roß seine Felder. An einem warmen Sommertag erblickte er von weitem ein verdächtiges Individuum, das sich an seinem Strohdiemen zu schaffen machte. Da es schon einmal Feuer gegeben hatte, preschte er heran:

»He, machen Sie, daß Sie weiterkommen.«

Worauf der Mann eilig hinter dem Strohhaufen verschwand. Rundstedt auf seinem Gaul natürlich hinterher. So ging die Jagd eine ganze Weile immer rundherum, bis der Typ in höchster Pein seine vor dem Bauch zusammengehaltene Hose fallen ließ und jammerte: »Nun lassen Se mir doch um Jottes willen meine Notdurft verrichten!«

160

Im sogenannten Forsthaus in Schönfeld lebten zwei unverheiratete Cousinen von Rundstedt. Die Ältere, ein Fräulein Doktor, war eine der ersten Frauen, die Medizin studiert hatten. Die beiden waren sehr beliebt in der Gegend. Onkel Hans aber rieb sich ständig an ihnen und sagte zu Vater: »Wenn du denen etwas begreiflich machen willst, mußt du sie mit dem Taschenmesser zwischen die kurzen Rippen stechen!« Vater zog Tante Wanda gerne auf, was sie ihm aber nie ernsthaft übelnahm. Als sie beim Zahnarzt gewesen war und eine schlecht sitzende Prothese verpaßt bekommen hatte, klagte sie Mutti beim Tee in Schönfeld ihr Leid.

Vater, der später dazukam, sagte nach einer ganzen Weile gespielt erstaunt: »Wanda, ich bin ganz fasziniert! Was sprichst du plötzlich für einen interessanten Dialekt?«

Claus und Bodo, den Söhnen, die er oft mit auf die Jagd nahm, erzählte Vater mit todernster Miene, daß er sich anläßlich eines Ansitzes auf einen Rehbock maßlos über ein Flugzeug geärgert hätte. Also zielte er und schoß auf den Störenfried, der sofort abstürzte.

Als die Bengels ihn ob dieser Ungeheuerlichkeit ängstlich anstarrten, winkte er lässig ab: »Keine Bange! Der Luzerneschlag ist so groß, den findet nie einer!«

Onkel Hans liebte die Jagd, gutes Essen und Trinken. Er war ein exzellenter Tänzer, ein glänzender Gesellschafter, ein vollendeter Kavalier. Er genoß sein Leben, solange er konnte. Als es dann bitter ernst wurde, seine Leber spielte, was Wunder, nicht mehr mit, hat er sein Leiden und Sterben in tapferer Haltung von seinem »allerhöchsten Kriegsherrn«, wie er sich ausdrückte, ohne Murren angenommen.

Typisch für ihn: Er hatte vorher schriftlich bis ins Detail angeordnet, wie es bei seiner Beerdigung, zu der ganze Busladungen angerollt kamen, zugehen sollte. Selbst die Sitzordnung in der Kirche war genau festgelegt.

Der Bibeltext »Und er zog seine Straße fröhlich«, den er sich ausgesucht hatte, konnte nicht besser passen.

Tante Wanda mußte dann Vater später oft zu Rate ziehen, wenn ihr die beiden jüngsten Söhne und ihre wilde Tochter Elisabeth über den Kopf zu wachsen drohten. Doch Vater verstand sich ohnehin gut mit den dreien, deren väterlicher Freund er nun wurde.

Tante Wanda dankte es ihm auf ihre Weise. Nach Hans-Hennigs Operation, die viel Geld verschlungen hatte, fand Vater eine Überweisung von tausend Mark auf seinem Konto. Überrascht stellte er fest, daß die Absenderin Wanda von Rundstedt war, die auf dem Abschnitt in Druckbuchstaben schlicht »Nachbarhilfe« vermerkt hatte.

Ein weiterer Freund von Vater war Adolf-Friedrich von Quast, ein passionierter Jäger und erfolgreicher Lebenskünstler.

Er war im Ersten Weltkrieg schwer verwundet worden, lebte in Berlin und tauchte ein paarmal im Jahr mit Frau und Jagdhund und vielen Neuigkeiten bei uns auf.

Die Frauen wechselten ständig, der Hund hieß Rüpel und blieb derselbe.

Mutti schockierte das. Sie war der Meinung, es sollte lieber umgekehrt sein.

Ich fand die Besuche äußerst belebend, zumal es im Fremdenzimmer dann immer ziemlich geräuschvoll zuging, was ich sonst nicht feststellen konnte.

Zur Grünen Woche, und auch mal im Sommer, machte Vater dann seine Gegenbesuche. Mutti fragte ihn nicht näher über seine Erlebnisse aus. Aber er kehrte jedesmal äußerst beflügelt zurück.

Zwischendurch war Quast auch mehrere Male verheiratet. Zuletzt mit einer Geschäftsführerin von Trumpf-Schokolade, was zur Folge hatte, daß wir regelmäßig Hühner gegen köstliche Pralinen eintauschten, die es damals für gewöhnliche Sterbliche schon längst nicht mehr gab.

Als in Berlin zunehmend Bomben fielen, flüchtete Quast mit seiner dritten Frau und dem Kind der zweiten Frau (einer Jüdin, die sich beizeiten nach England abgesetzt hatte) zur ersten Frau auf deren Gut. Was Vater immer schmunzelnd kundtat.

Sein Kind mit der zweiten Frau war ein Sohn und logischerweise Halbjude. Wovor die Nazis auch nicht halt machten.

163

Ein süßer, blondgelockter Bengel, der monatelang bei uns in Schinne »versteckt« wurde und mit Dorothea und Hans-Hennig aufwuchs.

Wir Kinder und das Personal kannten den wahren Grund natürlich nicht.

Dann nahm sich die Trumpf-Frau liebevoll des Kleinen an, die bald als seine Mutter galt, so daß ihm nichts mehr passieren konnte.

Adolf-Friedrich war es übrigens auch, der Vater auf die Idee brachte, überflüssige Äste im Park kurzerhand wegzuschießen!

Von der Terrasse aus hatte man nämlich früher an einer Stelle quer durch den Park bis weit in die Feldmark schauen können, was sehr reizvoll gewesen war.

Besonders begrüßt wurde von uns Kindern damals immer, wenn sich der rot-gelbe Triebwagen, der zweimal täglich verkehrte, als Winzling plötzlich durch das Bild schob. Dann kreischten wir laut vor Vergnügen.

Nun war der Ausguck aber immer mehr zugewachsen, und trotz einiger Bemühungen, Äste wegzusägen, klappte es mit der Sicht einfach nicht mehr.

Also stellten sich die beiden Jäger eines frühen Abends hin und ballerten – lautstark durch uns angefeuert – von der Terrasse aus die störenden Äste von den Bäumen weg.

Es dauerte ganz schön lange, aber dann war es tatsächlich geschafft! Der Triebwagen, der sich in diesem Moment nahte, wurde mit Gebrüll begrüßt, das Meisterwerk sofort mit Sekt begossen!

Später hörten wir, daß im Dorf die Meinung aufgekommen war, Vater hätte einen entwichenen Zirkuselefanten mittels Trommelfeuer erlegt!

Wenn Quast da war, gab es außer Wildbret auch immer »Krebse satt«! Er und Vater, beide äußerst schlank von Gestalt, waren ausgesprochene Feinschmecker, ja, wahre Gourmets, die die ausgefallensten Delikatessen heranschafften.

Vater begab sich vor dem Essen regelmäßig in die Küche, um die diversen Speisen abzuschmecken und ihnen den letzten Pfiff zu verpassen, darin war er ein wahrer Meister.

Einmal, Mutti war nicht da, hatte sich die Sekretärin allerdings vertan, als sie bei Kempinski in Berlin für die beiden Herrn statt drei Dutzend Krebse drei Schock orderte, was 180 Stück sind!

Am nächsten Tag kamen die Viecher in einem riesigen Weidenkorb, in feuchtem Moos verpackt, bei uns an.

War das ein Aufstand. Sämtliche Gutsnachbarn wurden mobil gemacht, um die Schalentiere zu verspeisen.

Die Abfütterung soll drei volle Tage gedauert haben, bis die letzten von hinnen wankten, denn an Alkohol wurde natürlich dabei auch nicht gespart.

Meine Mutter, die sich nichts aus Krebsen machte, war heilfroh, bei diesem Massaker aushäusig gewesen zu sein.

OPERATION MIT DEM TASCHENMESSER

Mutti war stets sehr um unsere Gesundheit besorgt. Vor allen Dingen hatte sie es mit den warmen Schlüpfern, die ja, dank Tata, in Massen vorhanden waren.

Selbst als wir schon fast erwachsen waren, lupfte sie noch unaufgefordert unsere Röcke und sah nach, ob darunter alles stimmte.

Auch verachtete sie die Schulmedizin und verarztete uns möglichst mit homöopathischen Mitteln.

Wahrscheinlich eiferte sie ihrer schon erwähnten Vorfahrin, Diane von Pappenheim, nach, die den Begründer der Homöopathie, Dr. Samuel Hahnemann, der sich nach langen Anfeindungen in Köthen als Hofrat und Leibarzt des Herzogs Ferdinand niedergelassen hatte, damals mit Erfolg konsultierte.

Da heißt es dann in einem erhalten gebliebenen Brief von ihm an die Ahne:

»Beiliegende sechzehn Pülverchen bitte ich noch zu

gebrauchen. Allein spazieren wünsche ich nicht, wohl aber recht viel ins Freie in Gesellschaft, damit Sie Ihren Gedanken nicht zu sehr nachhängen. Vor Wein sollten Sie sich gänzlich hüten. Nach Gebrauch der Pülverchen bitte ich sogleich zu berichten: Ihrem untertänigen Hahnemann. Köthen, den 1. Sept. 1828«.

Ich sehe noch das Regal in der Ankleidestube vor mir, wo diverse Schächtelchen mit Pillen und Pülverchen aufgereiht standen, die wir bei irgendwelchen Wehwehchen zu uns nehmen mußten.

Ich mochte die winzigen süßen Globuli am liebsten, die sie mir bei Erkältungen verabreichte. Dazu bekam ich einen Wickel um den Hals und Fliederbeersuppe mit Grießklößchen eingetrichtert. Köstlich!

Doktor Schulz, der deftige Schinner Landarzt, wurde erst gerufen, wenn Mutti mit ihrem Latein am Ende war. Wie einmal, als ich im hohen Bogen von der himmelhohen Schaukel flog, krachend irgendwo im Gebüsch landete und keine Luft mehr bekam, bis ich schließlich humpelnd-heulend, auf Ute gestützt, die mich geschaukelt hatte, ins Haus torkelte.

Das erste, was Dr. Schulz fragte, nachdem er einen Beckenbruch ausgeschlossen hatte: »Hat sie Stuhl gehabt?«

Mutti verneinte, während ich ratlos grübelte, was er damit meinte. Schließlich hatte ich auf keinem Stuhl, sondern auf einer Schaukel den Unfall erlitten. Für ihn jedoch schien die Sache damit erledigt zu sein.

Als ich kurz vor der Flucht ein vereitertes Knie bekam, wurde ich auch zu Dr. Schulz geschickt. Ich wanderte mit Helga, einer unserer Arbeitsmaiden, die mit Akne übersät war, in seine Praxis. Gemeinsam gingen wir in sein Sprechzimmer, wo er mir ungerührt höllisch brennendes Jod in meine offene Wunde kippte.

Helgas Ausschlag betrachtete er nur geringschätzig: »Schaffen Sie sich Verkehr an!« war sein einziger Kommentar. Dann konnten wir wieder gehen.

Helga, damals achtzehn, war empört und klärte mich auf dem Rückweg erstmal auf, weil ich absolut nicht kapiert hatte, was er damit sagen wollte.

Mutti schüttelte ebenfalls entsetzt den Kopf, doch Vater grinste nur: »Ein probates Mittel in den Dörfern«, verkündete er entschuldigend.

Er ließ nichts auf Dr. Schulz kommen, der auf seine Weise tatsächlich ein Genie war. Hatte er doch bei einem sonntäglichen Spaziergang einem Bauern, der zu ersticken drohte, mit dem Taschenmesser einen Kehlkopfschnitt verabreicht, den er mit den Haarnadeln seiner Frau kunstgerecht abklemmte. Der Mann wurde gerettet, und unser Doktor nahm von Stund an noch stärker das Recht in Anspruch, seine eigenwilligen Heilmethoden durchzuziehen.

Doch bei Gürtelrose und Schuppenflechte paßte auch er. Solche Patienten schickte er zu Frau Gänsewig, der Frau unseres Hofmeisters, die »besprechen« konnte. Böten nannte man das bei uns.

Unser Pastor tat sich später schwer, sie christlich zu beerdigen, weil er ihre Heilkunst für Teufelswerk hielt.

EIN BUNTES VÖLKERGEMISCH

Als Kassel 1943 zerbombt wurde, brauchte ich nach den Herbstferien nicht ins Internat zurück, wo ich inzwischen gelandet war, weil Mutti fand, daß auch mir langsam Benimm beigebracht werden müßte. Die Reinhardswald-Schule schloß nämlich ihre Pforten.

Ich war dreizehn und sehr froh, denn zu Hause war es nun mal am schönsten. Mit den meisten Mädchen hatte ich sowieso nichts anfangen können, weil sie aus der Stadt waren und mich für hinterwäldlerisch hielten. Und ich meinerseits fand sie schlichtweg blöd!

Also wurde ich wieder Fahrschülerin, diesmal gondelte ich nach Stendal, ließ mich im Winter jeden Morgen von Wladeck, einem netten, älteren Russen, zur Bahnstation nach Schönfeld fahren und mittags wieder abholen. Im Sommer fuhr ich mit dem klapprigen Fahrrad.

Wladeck zog über seinen zerschlissenen Militärrock

den Kutscherpelz. Ich stieg neben ihn auf den Bock und brachte ihm jeden Tag zwei Zigaretten mit, die ich aus selbstangebauten Tabakblättern mit einer Zigarettenmaschine gedreht hatte.

Eine steckte er sich immer gleich an. Wahrscheinlich war das Zeug ohnehin nur draußen zu genießen.

Wladeck war später auch für die vielen Pferde zuständig, Trakehner-Jährlinge, die wir per Waggon aus Ostpreußen bekamen, als da bereits alles drunter und drüber ging.

Die meisten waren krank, hatten Druse, Husten und Schnupfen oder Ohrenentzündungen. Und waren allesamt knochendürr.

Wladeck bekam sie alle wieder hin. Er sprach in einem seltsam wehmütigen Singsang mit ihnen, verbrachte halbe Nächte im Stall, legte heiße Umschläge auf ihre Geschwüre, salbte mit Schweinefett die steifen Gelenke.

Von den anderen Russen separierte er sich möglichst. Wir hatten zwölf Mann und einen Aufseher, der für die Front zu alt war. Er sollte die Russen nachts in ihrer Unterkunft einschließen, was er aber bald nicht mehr tat, sondern er selbst verschwand tagelang, weil er bei sich zu Hause die Ernte hereinholte.

Mutti ängstigte dieser Umstand, doch Vater beruhigte sie: »Die armen Kerle sind doch heilfroh, daß sie es bei uns so gut haben. Die würden nie ausrücken. Wohin auch?«

Gewöhnlich kochte meine Schwester Frauke, die ihr Pflichtjahr bei uns ableistete, in einer separaten Küche für die Russen. Ich aß oft ihre »Russenspeisung«, weil Eintöpfe mir besser schmeckten als Mamsells Kochkünste. Eines Tages kam ein dreizehnter Russe, ein junger, angeblich äußerst aufrührerischer Kerl, den die Zuckerfabrik in Stendal abgeschoben hatte.

Er war ein hübscher Junge, der Juri hieß, ein bißchen deutsch konnte und tatsächlich ziemlich frech war.

Vater gab ihm sofort ein Gespann, was wir alle nicht begriffen, denn seine Pferde waren ihm sonst heilig. Womöglich konnte dieser Juri, entgegen seiner Behauptung, gar nicht damit umgehen, drosch sie heimlich oder fütterte sie verkehrt?

Doch nichts dergleichen geschah! Juri wurde sehr rasch einer der fleißigsten und umsichtigsten Gespannführer, die wir hatten.

»Er brauchte einfach eine Aufgabe. Fabrikarbeit ist nichts für den Mann, das habe ich sofort gesehen«, meinte Vater, und er hatte mal wieder recht.

Während des Krieges traf sich bei uns ein buntes Völkergemisch! Die schon beschriebenen Italiener. Verbündete, also privilegiert! Dann polnische und französische Gefangene. Dazu kamen zwei ukrainische Familien und sechs ukrainische junge Mädchen, die im Haus des Hofmeisters untergebracht waren, und von ihm – mehr oder weniger erfolgreich – vor den vielen Männern beschützt wurden.

173

Die Mädchen trugen bunte Kopftücher und sangen bei der Arbeit, sonntags sah ich sie oft mit den Russen tanzen und lachen.

Eine aber wurde immer trauriger, sie war schwanger. Irgendwann verschwand sie, tauchte aber wieder auf, blaß und krank. Ich begriff erst später, daß man ihr das Kind genommen hatte.

Vater behandelte seine Leute ausgesprochen höflich, auch die Gefangenen. Und das erwartete er ebenso von uns.

Als sich einige der Russen beim Einmarsch der Amerikaner tagelang versteckt hatten, dann aber wieder zur Arbeit erschienen, begrüßte er sie mittags auf dem Hof erfreut: »Na, meine Herren, sind Sie wieder da?«

Eine aus dem Rheinland evakuierte Frau, die sich nach 1945 als Edelkommunistin entpuppte, war just zu dieser Stunde auf dem Hof, um Kartoffeln zu kaufen. Als dann bald darauf die Kommunisten das Sagen hatten und Vater nicht nur Enteignung, sondern auch Haft drohte, sorgte sie dafür, daß ihm letzteres zunächst erspart blieb:

»Ein humaner Mensch! Er hat selbst die russischen Gefangenen mit ›meine Herren‹ angeredet.«

Aber einmal, in dieser aufregenden Zeit, sah ich Vater dann doch ziemlich blaß werden. Als nämlich Karlchen, ein baumlanger Pole und Ochsenknecht, den er weit weg wähnte, plötzlich auf der Kirschallee erschien und im Dauerlauf dem Hof zustrebte.

Ich stand mit Vater vor dem Haus und wurde wahrscheinlich genauso blaß wie er, vor Schreck.

Vater, der Karlchen schon länger verdächtigte, hatte ihn nämlich vor ein paar Monaten dabei erwischt, wie er die armen Ochsen, die wohl nicht so wollten wie er, mit der Mistgabel züchtigte, indem er ihnen munter ins Fell stach.

Vater Hennig bekam prompt einen seiner berüchtigten Wutanfälle, schrie den Polen fürchterlich an, schlug ihm seinen Spazierstock aufs Kreuz und veranlaßte seinen Wechsel in die Konservenfabrik, wo er keine Tiere mehr quälen konnte.

»Mein Gott, glaubst du, daß Karlchen sich jetzt rächt?« fragte ich ihn erschrocken.

Vater war inzwischen aschgrau im Gesicht: »Ich weiß nicht«, murmelte er.

Da stürzte der Pole auch schon atemlos heran. Er strahlte über das ganze Gesicht vor Wiedersehensfreude, ergriff Vaters Hände und drückte sie wie wild:

»Chef, Chef, ich endlich wieder da!« rief er überglücklich.

Worauf Vater nur erleichtert sagen konnte: »Großartig, Karlchen! Dann geh mal gleich in die Küche und laß dir ordentlich was zu essen geben.«

Danach mußte er sich aber erstmal auf die Treppenstufen setzen, weil ihm noch immer ganz schwummerig zumute war.

175

DIE LETZTEN TAGE AUF DEM RITTERGUT

Als die Front im Frühjahr 1945 immer näher rückte, trommelte mein Vater uns zusammen und ordnete an, daß wir im Falle von Kämpfen um Schinne schnellstmöglich in die Fasanerie zu entfliehen hätten. Da der Beekgraben damals wenig Wasser führte, sollten wir uns im Schutze des tiefen Bachbettes in das Wäldchen flüchten und dort – geduckt im Unterholz – das Ende der Schießerei abwarten.

Ich fand das eher spannend als beängstigend! Doch außer Geschützgrummel in der Ferne passierte erstmal gar nichts.

Dafür erschienen täglich neue versprengte Landser bei uns in der Küche, um sich satt zu essen und sich zu waschen. Ein schmucker Siebzehnjähriger war auch dabei, der stolz eine Panzerfaust über der Schulter trug. Er schwor mir, daß die große Wende unmittelbar bevorstünde und wir den Krieg auf jeden Fall noch gewinnen würden!

Ich war skeptisch und beschwor ihn meinerseits, das blöde Ding mitsamt seiner zerschlissenen Uniform in den Parkteich zu versenken, wie andere das bereits vor ihm gemacht hatten.

Er schüttelte befremdet den Kopf:

»Die deutsche Front zieht sich lediglich bis an die Elbe zurück, um den Feind von dort vernichtend zu schlagen.«

Ich begleitete ihn noch ein Stückchen mitsamt seiner Panzerfaust, zeigte ihm einen Schleichweg, der durch die Wiesen Richtung Elbe führte, steckte ihm ein Stullenpaket zu und trollte mich wehmütig heimwärts.

Da die Gefangenen vorsichtshalber nicht mehr zur Arbeit erschienen, übernahmen wir Mädchen mit ein paar betagten Männern die Frühjahrsbestellung. Die Kartoffeln mußten dringend in die Erde!

Eine aufregende Zeit! Wir befanden uns alle in einer Art Ausnahmezustand. Singend fuhren wir morgens mit den Gespannen aufs Feld hinaus, singend kehrten wir abends auf den Hof zurück: wir fünf Schwestern mit zwei zugelaufenen Arbeitsmaiden, drei Geflügelzuchtslehrlingen und unserer weiblichen Verwalterin.

Eines Morgens Anfang Mai, nachdem es tagelang ruhig gewesen war, rumorte und rasselte es plötzlich in der Ferne! Das Geräusch kam näher und näher, und dann schob sich eine Kolonne amerikanischer Panzer den Feldweg entlang. Wir waren ganz starr vor Entsetzen.

»Weiterarbeiten! So tun, als ob nichts los wäre! Nicht hochgucken!« rief meine älteste Schwester beschwörend.

Angstvoll folgten wir ihrem Rat, legten unsere Kartoffeln emsig in die Furchen und riskierten nur hier und da einen verstohlenen Blick.

Die meisten Soldaten waren Schwarze, die auf den schweren Ungetümen hockten. Gottlob beachteten sie uns tatsächlich nicht und rasselten weiter, Richtung Stendal.

Bisher hatte ich nur einmal im Zirkus einen Neger gesehen. Und jetzt so viele!

Mittags erzählten wir aufgeregt von unserem Erlebnis. Es dauerte noch drei Tage, bis die Amerikaner auch in unser Dorf, das abseits der Hauptstraße in einer Sackgasse liegt, einrückten! Wir hatten vergeblich gehofft, sie würden uns vergessen.

Der erste Ami, den ich dann hautnah erlebte, war wieder ein Schwarzer! Er kam mit seinem Panzer auf den Hof gefahren, sprang heraus, nahm seinen Stahlhelm vom Kopf und verlangte grinsend: »Eggs!«

Wir erfüllten ihm zitternd seinen Wunsch, worauf er Ute und mir Kaugummis schenkte, mich neckend an meinen Zöpfen zog und sich trollte. Mein Feindbild geriet darob ziemlich ins Wanken.

Später stellen wir dann fest, daß der Stahlhelm als

äußerst beliebtes Eiertransportmittel von den Soldaten genutzt wurde.

Jedenfalls waren alle Leute heilfroh, daß in der ganzen Gegend keine Kämpfe mehr stattgefunden hatten. Der Krieg war endlich zu Ende, der schreckliche Alptraum vorbei!

Jetzt tauchten auch die Gefangenen wieder aus der Versenkung auf. Und bald hatten sie sich in alle Himmelsrichtungen zerstreut, denn alle wollten so schnell wie möglich in die Heimat.

Auch die Russen, die sicherlich ahnten, was ihnen blühte, wurden von den Amerikanern eingesammelt und abtransportiert. Später hörten wir, daß man ihnen versprochen hatte, sie nicht an die eigenen Leute auszuliefern, was dann doch geschah. Sie sollen alle nach Sibirien verbannt worden sein.

Wir aber fühlten uns sicher vor der russischen Armee! Sie war lediglich bis zur Elbe vorgestoßen. Bei uns jedoch regierten die Amis! Und mit denen ließ sich auskommen. Auch wenn sie das Gutshaus mit ihrem Stab besetzt hatten.

Wir Mädchen waren beim Hofmeister untergekommen. In der ehemaligen Behausung der Ukrainerinnen. Die Eltern und kleinen Geschwister beim Pastor. Zu den Mahlzeiten trafen wir uns in der großen Küche im Souterrain, denn die hatten sie uns gelassen. Sie verpflegten sich aus der Gulaschkanone, die auf dem Hof postiert war.

Und dann Ende Mai, wie aus heiterem Himmel, nahm der Kommandant meinen Vater mit ernster Miene beiseite.

Es sei nicht ungefährlich, die vielen jungen Frauen auf dem Hof zu behalten. Sie müßten weg! Vater sollte möglichst bald einen Wagen anspannen und uns in Richtung Westen schicken.

»Aber warum?« erkundigte sich mein Vater schrekkensbleich und wußte bereits die Antwort.

»Es ist mir streng verboten, darüber zu sprechen, und ich verlasse mich auf Ihre Verschwiegenheit. Aber die Russen werden das Gebiet übernehmen«, erwiderte der Offizier und zuckte bedauernd mit den Schultern. »In drei Wochen sind sie hier!«

Bereits zwei Tage später starteten wir eine Probeflucht! Wir brachten die zwanzig Trakehner nach Calbe zu Großmama, die über mehr Weidefläche verfügte als wir.

Keiner von uns ahnte den Ernst der Lage, als wir vergnügt den Gummiwagen bestiegen, der mit Regenplanen und Strohballen ausstaffiert war, und muntere Lieder singend auf verschwiegenen Nebenwegen, die Vater auf der Landkarte festgelegt hatte, die dreißig Kilometer nach Calbe gondelten, die Pferde ablieferten, dort im Freien kochten, in der Scheune schliefen und am nächsten Tag erfüllt zurückkehrten.

Eine Woche später ging es dann richtig los. Vater hatte uns endlich eingeweiht. Doch wir glaubten ihm nicht, hielten die bevorstehende Reise in die Lüneburger Heide für ein herrliches Abenteuer.

Mit Rucksäcken und Bettzeug, einer Speckseite, Eiern und Kartoffeln, Marmelade und ein paar Brotlaiben enterten wir bei schönstem Sonnenschein erneut den Wagen, um für Jahrzehnte nicht mehr zurückzukehren.

Ich sehe uns noch langsam vom Hof fahren, die Kirschallee hinauf, Mutti und Vater standen winkend vor dem Haus. Sie hatten die beiden kleinen Geschwister auf dem Arm, die nicht begriffen, was da passierte.

Zwei Stuten mit ihren Fohlen, die auf der Koppel weideten, begleiteten uns wiehernd am Zaun entlang. Dann bog der Wagen um die Ecke, und meine Kindheit versank unwiederbringlich hinter mir.

Lachend, winkend, singend – eine beschauliche Vergnügungsreise begann. Niemand dachte an Flucht! Und doch kamen zehn Tage später über Nacht die Russen in unser Gebiet.

Es folgten Enteignung, Vertreibung, drohte Verschleppung, der die Eltern nur durch eine dramatische Flucht in den Westen entgingen.

Dort sahen wir uns dann nach über einem Jahr alle wieder, froh und dankbar, daß keinem etwas Ernstes zugestoßen, daß unsere Familie vollzählig geblieben war. Das war das Wichtigste.

Wir hatten zwar keine Heimat mehr und mußten viele

Stationen durchlaufen, ehe wir eine dauerhafte Bleibe fanden. Doch die Erinnerung an Zuhause ist noch heute mein kostbarster Besitz, den mir niemand streitig machen kann.

Dem heiligen Worten
Ist [...] Hülle, [...]
[...] begegnet [...]
[...] eigenen [...]
[...]
[...]

Am 28ten August
1831.